高校师资管理与职业发展研究

王晓川 姚 媚 孔维敏 ◎著

中国华侨出版社
北京

图书在版编目（CIP）数据

高校师资管理与职业发展研究 / 王晓川，姚媚，孔维敏著. -- 北京：中国华侨出版社，2022.4
　　ISBN 978-7-5113-8620-5

Ⅰ．①高… Ⅱ．①王… ②姚… ③孔… Ⅲ．①高等学校—师资培养—研究—中国 Ⅳ．①G645.1

中国版本图书馆CIP数据核字（2022）第035371号

高校师资管理与职业发展研究

著　　者/王晓川　姚　媚　孔维敏
责任编辑/桑梦娟
封面设计/白白古拉其
经　　销/新华书店
开　　本/787mm×1092mm　1/16　印张/10　字数/226千字
印　　刷/北京天正元印务有限公司
版　　次/2023年5月第1版　2023年5月第1次印刷
书　　号/ISBN 978-7-5113-8620-5
定　　价/48.00元

中国华侨出版社　北京市朝阳区西坝河东里77号楼底商5号　邮编：100028
编辑部：（010）64443056
网址：www.oveaschin.com　E-mail:oveaschin@sina.com

如发现印刷质量问题，影响阅读，请与印刷厂联系调换。

前 言

随着我国教育事业的发展，我国高校数量在世界上已经名列前茅，而伴随着教育制度教育体系的不断完善，我国对于高校师资管理方面也进行了改革，改革的目的是为了促进高校教育的全面发展，对于高校而言如何科学合理地进行师资管理成为高校管理者思考的问题。

高等教育作为提高社会人力资源总体质量水平的一个重要环节，其自身的人力资源素质的提高便成为重中之重。高校是高等教育的中坚力量，它的人力资源的整体素质在很大程度上直接决定着高等教育的发展水平，决定着高等学校的人才培养质量，而高校人力资源整体素质的提高在很大程度上取决于人力资源的配置。这种配置强调对人力资源进行计划、组织和控制，使人力、物力保持最佳比例，以充分发挥人的潜能，发挥人的创造力。

本书立足于高校师资管理与职业发展的理论和实践应用两个方。首先对高校师资的概念与趋势进行概述；然后对高校师资管理的相关问题进行梳理，介绍了现代高校师资管理队伍建设、高校师资管理及优化等问题；最后在高校师资职业发展对策、高校师资队伍发展的特征、高校师资教学质量的提升策略、高校师资职业能力的发展方面进行探讨。本书论述严谨，结构合理，条理清晰，内容丰富，能为当前的高校师资管理与职业发展相关理论的深入研究提供借鉴。

本书在撰写过程中，参考和借鉴了一些知名学者和专家的观点及论著，在此向他们表示深深的感谢。由于水平和时间所限，书中难免会出现不足之处，希望各位读者和专家能够提出宝贵意见，以待进一步修改，使之更加完善。

目 录

第一章　高校师资管理概述 ·· 1

　　第一节　高校师资管理理论基础 ··· 1
　　第二节　高校师资管理的本质 ··· 4
　　第三节　人力资源管理及配置 ··· 9

第二章　高校师资管理队伍建设 ·· 15

　　第一节　高校管理队伍建设 ·· 15
　　第二节　高校辅导员队伍建设 ·· 18
　　第三节　高校班主任队伍建设 ·· 26

第三章　高校师资管理及优化 ·· 37

　　第一节　高校师资管理体系及方法 ··· 37
　　第二节　高校师资管理的优化策略 ··· 56

第四章　高校教师职业生涯规划 ·· 65

　　第一节　高校教师职业生涯规划概述 ··· 65
　　第二节　高校教师职业生涯规划过程 ··· 69
　　第三节　高校教师职业生涯规划的制订策略 ·· 75

第五章　高校师资队伍发展的特征 ·· 81

　　第一节　高校师资队伍的系统联系 ··· 81
　　第二节　高校师资队伍的竞争发展 ··· 92
　　第三节　高校师资队伍的平衡共生 ·· 100

第六章　高校师资职业能力的发展 ··· 109

　　第一节　学习及自我发展能力 ·· 109
　　第二节　教学模式能力的培养 ·· 116
　　第三节　合作学习能力的提升 ·· 124
　　第四节　教学反思能力的培养 ·· 127

第七章 高校教师职业成长与发展 ······ 135

    第一节 高校教师职业成长概述 ······ 135

    第二节 高校教师职业成长的影响因素 ······ 147

    第三节 高校教师职业成长的促进策略 ······ 149

参考文献 ······ 153

第一章 高校师资管理概述

第一节 高校师资管理理论基础

一、高校师资管理

关于"师资管理"的概念,最早可以追溯到 16 世纪前后国外人文主义教育思想鼎盛时期。那时,人文主义教育思想的代表人物维多利诺、维夫斯、夸美纽斯等对教师的职责、品格、能力、聘任等均提出了要求,同时还提出了应该尊重教师的要求。几个世纪以来,随着现代高等教育的发展,对高校教师的职责、任职条件、聘任办法、酬劳、考核、晋升等制定了一整套管理制度,并不断进行完善。中华人民共和国成立以来,党和政府一直十分重视高校教师队伍的建设和管理。《中共中央国务院关于深化教育改革全面推进素质教育的决定》和教育部《关于新时期加强高等学校教师队伍建设的意见》,就是 21 世纪初我国高校师资管理的指导性文件。在深入研究高校师资管理的有关具体问题之前,我们首先需要了解的是高校师资管理究竟属于哪个管理分支、高校师资管理的目标与任务是什么、高校师资管理包含哪些内容与层次等。

二、高校师资管理属于人力资源管理

高校教师无疑是一种人力资源,对高校师资的管理自然就是一种人力资源管理。按照人力资源管理的理论,这里的"组织"就是高校或者政府。作为"组织"的高校,有人、财、仪器设备、房屋、土地等多种资源,每一种资源都是高校发展所必需的。但是,必须承认,作为高校人力资源主体的教师,是高校最重要的资源,而属于人力资源管理的高校师资管理,是使高校获取竞争优势的最重要的工具和手段。高校师资管理的终极目标,就是在促使教师个体的智力资本投资不断升值的过程中,使高校在高水平的师资储备、人才培养、学术成就、科学技术创造力和社会影响力等方面获取竞争优势,为高校自身和国家的发展做贡献。

一所高校教育教学的质量、学科建设与学术研究的水平主要取决于教师的水平。一所学校的名气、地位和影响主要是靠众多大师级人物和高水平的教师连绵不断的人才培养和学术积淀而形成的，只要有了名师，就可以吸引高水平的学生，培养出高水平的人才；有了高水平的教师，就可以开展高水平的科学研究，做出高水平的研究成果，就可以争取到充足的科研经费，建设高水平的科研基地，形成高水平的学科点。高等学校之间的竞争，其焦点和实质就是师资水平和实力的竞争。现在我们已经迈进21世纪的大门，各高校又站在一条新的起跑线上，正如国际21世纪教育委员会的报告所指出的那样，在传授人类积累的关于自身和自然的知识方面以及在开发人类创造力方面，教师将始终是主要的责任者，始终起着主导作用。能否培养出适应21世纪需要的创新型人才，关键在于教师，因此，教师队伍的建设永远是高校最基本、最重要的建设。《中共中央国务院关于深化教育改革全面推进素质教育的决定》提出了新时期高校教师队伍建设的总要求，就是建设一支高质量的教师队伍。高质量的教师队伍是由整体结构优化的高素质、高水平的教师个体组成的。所以，我们要建设的高质量的教师队伍应该是教师个体思想业务素质好、知识水平高、创新能力强、整体结构优化、既能自身进行知识创新又能培养具有创新能力的人才的教师队伍。而如何建设这样一支高质量的教师队伍，正是高校师资管理的永恒主题。

三、高校师资管理的内容

如同一般的人力资源管理一样，高校师资管理所涵盖的主要内容应包括规划、招聘、培训（培养与教育）、行为激励与绩效评估、环境建设等基本方面。

（一）规划

规划主要指在一定年限内教师总量和结构（包括学科、年龄、学历、职务和学缘等结构）方面的计划。制定这种规划的主要依据是该年限内学生的最大规模及办学效益所希望的师生比例和教师与非教师比例。同时，也要考虑到学校的类别、层次、地域、办学理念与设定目标等方面的差异性，从实际出发，制订切实可行的、分年度执行的教师补充计划，做到有目的、有计划地招聘教师，使教师总量和各种结构逐步趋于合理。

（二）招聘

招聘是学校补充人力资本的一种手段，一般是按学校的年度招聘计划进行的。我国现行招聘教师的方式，包括毕业生选留、人才引进或调进，除了兼职或客座教师外，实际上隐含着劳动关系的终身聘任，最终它必将被国际通用的招聘方式和工资制度取代，也就是教育部《关于新时期加强高等学校教师队伍建设的意见》中所提出的24字方针，即"按需设岗、公开招聘、平等竞争、择优聘任、严格考核、聘约管理"。"聘约管理"实际上就隐含了"以岗定薪、高薪聘任、优劳优酬"的工资制度。教育部推出的"特聘教授"制度为我们树立了新型的招聘高校教师的典范。

（三）培训（培养与教育）

培训是学校为获取更大竞争力而实施的人力资本投资的一种方式。对于高校教师的培训，包括业务培训与思想政治培训，是对教师进行在职培养、教育与提高的重要手段，也是促使教师个体智力资本投资不断升值的一条途径。教师业务培训主要着眼于提高学历、更新知识、改善知识结构、提高教学科研创新能力等，培训方式包括在职攻读学位、参加高级研讨班、国内外进修访问、承担重要教学与科研任务等形式。思想政治培训主要是引导教师热爱祖国，忠诚人民的教育事业，爱岗敬业，团结协作，乐于奉献；引导教师树立正确的世界观和方法论，用辩证唯物主义和历史唯物主义的立场、观点和方法指导教学科研活动；进行师德教育，引导教师模范遵守职业道德，潜心治学，诲人不倦，真正做到为人师表，教书育人。

（四）行为激励与绩效评估

高校师资管理的目的就是要建设一支高质量的教师队伍，并努力调动他们教学科研的积极性和创造性，充分挖掘他们的潜能，使他们取得骄人的成绩。调动教师积极性、挖掘教师潜能的最有效的办法，除了遵循管理学的基本原理（人本原理、责任原理等）外，还需要制定科学合理的教师绩效评价体系，并采用种种手段对教师实施行为激励。如何对高校教师的绩效进行评价和如何对教师实施行为激励，是高校师资管理中的重大课题，需要高校师资管理工作者倾注极大的注意力，抛砖引玉。

（五）环境建设

高校教师队伍建设的环境可以粗略地分为大环境和小环境。大小环境也是相对而言的，大环境主要指社会环境；小环境主要指学校环境，包括具体的生活环境和学术环境。在校内，也有大小环境的问题，一个学科点内的环境是基本的小环境。

社会环境是高校教师队伍建设的大环境。这是由党和国家的方针政策、民族文化传统和国民的素质决定的。中华民族一向有尊师重教的美德，党和国家历来提倡尊重知识、尊重人才，特别是近几年来党中央提出的科教兴国战略决策已经成为全国上下的共识，教育在国民经济和社会发展中的基础地位得到确认，党的知识分子政策逐步落到实处，真正尊重知识、尊重人才、尊重学术自由的社会环境基本形成。这为高校教师队伍的建设营造了一个良好的外部社会环境。在这样的大环境下，高校的任务就是努力建设好校内的小环境。

小环境是由学校的知名度和学科水平、学校的办学理念和办学条件、政策措施、管理水平和学科点内部诸成员的行为共同决定的。小环境中，生活环境、生活条件固然重要，它们是教师奋发拼搏的基本环境和基础,但是学术环境的建设相对来说更为重要,也更为困难。学术环境大体上包括硬条件和软环境。硬条件主要指学术队伍实力,开展学术研究的用房、仪器设备、文献资料、科研经费、后勤保障等条件;软环境则泛指以人才培养和科学研究为中心的思想落实的程度、学术氛围和人际关系。有利于吸引优秀人才的学术软环境应该有具备较高学术水平与社会影响的、德才兼备的学科带头人,有宽松自由和活跃的学术气氛、浓厚良好的学术风气,有乐于奉献、团结协作、互敬互重、融洽和谐的人际关系。在学校和院系充分落实了以教学科研为中心、尊重知识、尊重人才政策的前提下,学术软环境建设的关键是选拔和培养德才兼备的学科带头人。

总之,从纵向看,高校师资管理工作是一项系统工程。从队伍总量规划、选聘录用、使用培训、评估激励、结构优化到学术环境建设、稳定吸引优秀人才,每一个环节都非常重要,缺一不可,各个环节构成一个整体,形成一个系统。从横向看,高校师资管理工作是一项综合工程。从国家和政府层面上,它涉及国家经济建设、社会发展和人民的需要,涉及对知识和知识分子,特别是对高级知识分子作用和地位的认识以及所采取的相关政策,涉及社会环境的建设等多个政府部门的工作。从学校层面上,它需要从学校到院系各级领导和组织的高度重视、扎实工作,需要组织、宣传、人事、教学、科研、财务、外事、后勤等多个职能部门的协同配合。所以,高校师资管理工作绝不仅是教育行政部门和高校的工作,也不仅是学校人事或师资管理部门的工作,而是一项涉及面很广的综合工程。

第二节　高校师资管理的本质

回顾高校师资队伍管理的历史,同时比较国内外高校师资队伍管理的异同,为研究新阶段高校师资队伍管理方法提供了"历史背景"与"他山之石"。本领域研究工作普遍采用的就是这两种方法,它们分别依据的观点是"历史发展观"和"横向比较观"。这里拟采用系统分析方法对高校师资队伍管理进行分析,从全局出发,找出目标系统的要素以及要素之间的关系,同时考虑目标系统与环境之间的关系,使用系统分析方法,可以从系统整体上发现问题的实质,进而从根本上提出解决问题的方案,避免局部、片面地理解问题,避免出现"头痛医头,脚痛医脚"和"治标不治本"等问题。

一、高校师资队伍的相关系统

如果把高校师资队伍看作一个系统,把外部环境也看作一个系统,我们发现高校师资队伍系统与外部环境系统存在矛盾,矛盾的主要方面在于高校师资队伍的状态不能满足外部环境发展变化的需要，我们很难改变外部环境系统，所以应该从高校师资队伍方面着手解决问题。这里高校师资队伍系统可以看作"人"的系统，系统要素主要是"教师"，这些教师存在于"高校"环境下，系统管理包括调配管理、薪酬管理、晋升管理、培训管理、考核管理、招聘管理等；也可将其看作"知识"的系统，系统管理包括知识输入（生产、加工）管理、知识传播（扩散）管理、知识创新管理、知识输出管理、自学习管理等知识活动过程管理。本书研究的目的在于提高高校师资队伍系统的整体性，包括要素种类、要素能力、要素数量、要素结构（机制、体制）。影响高校师资队伍系统整体性的内在因素包括以下几种。

（一）关联性

组成系统的各个要素之间是相互联系、相互制约的，系统中没有孤立的要素存在。这种特性反映到师资队伍中，可体现为各类教师是相互联系、相互促进、相互影响的。

（二）多样性

客观事物的联系是多种多样的，联系的多样性决定了系统的多样性，分析高校师资队伍这个系统，必须从它的组成成分、结构功能、相互联系的方式等多方面综合考虑。

（三）层次性

从教师类型上分，高校教师可分为以教学为主型、以基础研究为主型、以应用研究为主型、以设计开发为主型等不同类型；从学术职务上分，可分为院士、特聘教授、教授、副教授、讲师等不同梯队；从年龄上分，可分为老、中、青等不同层次。

（四）动态性

系统总是发展变化的，构成高校师资队伍系统的要素如思想水平、业务水平、知识存量、工作态度、工作业绩等都是不断发展变化的，一名教师的工作经验从稚嫩到成熟，学术水平从低到高，这都是动态性原则的具体体现。

（五）环境适应性

任何系统都存在于环境之中，与环境进行能量、物质、信息的交换，系统应具备调整的能力，使系统与环境在动态中相互适应。高校师资队伍系统应适应高等教育进入大众化阶段教育环境的变化。

二、高校师资劳动的知识特征

高校师资作为高校中的知识员工具有以下特点：有自我发展的强烈动机，追求终身就业的能力和价值实现，自主性、独立性强，劳动过程不易监控；流动意愿强；需求模式具有不确定性、多样性，从层次型需求到混合交替模式。具体表现在：劳动具有内隐性，工作的主导性需求，工作投入高于组织承诺。高校师资的劳动——知识活动具备以下特征。

（一）知识系统的整体性

教师知识系统的整体性是就知识构成的表现性质而言的，教师知识是理论知识和实践性知识的统一，是不同性质、作用知识的有机结合——理论知识呈外显状态，是教师专业发展及从事教学工作的"条件性知识"和"本体性知识"，而实践性知识通常呈内隐状态，是镶嵌在教师的日常教育教学情景和行为当中的个人经验、观念和意识等，"它具有强大的价值导向和行为规范功能，指导着教师的日常教育教学行为"。在实际的教学、科研工作中，面对各种复杂多变的情况，教师必须及时做出针对性的反应，这种反应有的是教师从已经掌握的显性的理论性知识中寻找根据，更多时候是教师根据自己的经验、观念和意识等实践知识（隐性知识）做出判断与决策。

（二）知识获得的建构性

教师的知识是在实践活动中建构的，具有建构性。教师的知识来源和知识获取有多种途径与方式，理论性的学习、经验性的学习、实践性的反思是教师知识来源的基本途径，接受性学习和发现性学习则是知识获得的基本方式，实践性知识是通过反思等发现性的方式把自己的经验上升为理性认识而获得或建构的。理论性知识虽然可以通过接受性学习而掌握，但是，任何理论性知识，特别是对有关教育知识中的理论性知识的学习，都不仅是单纯的接受性记忆和记忆的重现，而是要通过教师自身的内化乃至重组才能够变成他自己头脑中的知识，才能够成为有实际价值的知识。

（三）知识活动时间的模糊性

由于高校教师主要从事知识活动，知识活动有很大一部分发生在人的头脑中。科研型知识员工在研究一个问题时往往整天都在思考这个问题，不只是工作时间。因此，对高校教师的知识活动很难像传统产业那样按时长进行评价。

（四）知识产出评价的复杂性

有的学校在教学评价时，根据教师的教学工作量和教学业绩，给教师"排队"，直接与津贴和奖金挂钩，这不失为一种尝试。但在做科研方面的评价时，比如教师晋升专业技术职务，所反映出的标准既有数量的要求，又有质量的要求。教师创造的显性知识相对易于度量，而创造的隐性知识很难做出客观精确的统计。

（五）知识存量的动态性

教师的知识是一种需要不断更新、充实的知识。教师要能够随时获取新的信息、知识和成果，不断地更新和完善自己的知识结构，同时也要通过反思性学习，不断体悟和总结自己的经验与理论，充实自己的知识存量，提升自己的知识水平。教师知识的动态性既是社会发展对教师专业发展的要求，也是教师自身专业成长的必然要求，更是教学、科研活动对教师工作的现实要求。教师只有不断更新自己的知识，才能适应科学技术飞速发展的需要，也才能实现自身的成长和发展。

（六）知识价值的间接性

企业知识员工的聘用是经过成本计算的，并根据该员工创造的效益给予加薪优酬待遇，其直接价值可以反映出企业知识员工的能力。但高校教师的价值转化成经济价值和人的发展价值的实现周期较长，而且是间接的。

（七）知识员工的价值观多样性

高校知识员工与企业员工不同。近年来，高校教师的工资待遇有所增长，但增长幅度低于受同等教育的其他行业人员。尽管高校教师待遇与其自身价值相比还有不小的差距，仍有大批人愿意留在高校，这说明高校知识员工所需要的不一定是物质上的需求，更多的是精神上的需求。

三、高校师资队伍的管理系统

我们把高校师资队伍看作一个系统，那么系统要素主要是"教师"，这些教师存在于"高校"环境下，有三种大的类型："教师编制"类、"政治教育"类和"科研编制"类。要对高校师资队伍进行管理，还涉及管理的主体，即高校的相关管理部门，不仅包括行政部门，如人事、财务、后勤等；还包括业务部门，如各院系、研究所等这些管理部门的管理人员一般都是由教师来担任的，所以对于一个自然人来讲，他(她)有可能既是管理者，又是被管理者。在这里按角色来考虑各要素的关系，管理主体使用各种方法对高校师资队伍进行管理，两者主要是管理和被管理的关系，其中管理主体是管理者，高校师资队伍是被管理者。

四、高校师资队伍的职责

高校师资队伍是指在高校人员编制中属于教师编制的所有人员，包括：在教学岗位上以从事教学工作为主的专任教师，含学生思想政治教育教师；在科研机构主要从事科学研究工作的专职科研编制教师。高校师资队伍主要完成三部分工作：人才培养、科学研究和社会服务。

五、高校师资队伍职责与知识的关系

高校师资队伍管理从表面上看是对高校教师进行管理，但就自然人来说，包括方方面面的事情。那么对高校师资队伍进行管理需要管哪些方面呢？让我们从高校师资队伍的职责来分析。"教师编制"类教师主要负责教授学生知识，培养各类学生，包括专科生、本科生、硕士研究生、博士研究生，此外还对各类参加继续教育的社会人员进行培训。"政治教育"类教师主要负责学生的思想政治教育，使学生德智体全面发展，这类教师在所有三类教师中处于辅助地位。"科研编制"类教师主要负责进行科学研究、成果转化等工作。科学研究的实质是生产各类知识，包括基础理论知识、应用技术知识等。同时，通过科学研究工作还可以培养高层次人才：研究生（包括硕士生、博士生）的培养主要是通过做科研项目来完成的，高校师资队伍的三项主要职责是培养人才、完成科研项目和进行社会服务。培养人才主要是传授学生知识，完成科研项目主要是创造知识，进行社会服务主要是传播知识和创造知识。可见，高校教师工作的本质是从事与知识相关的工作。

对于"培养人才主要是传授学生知识"很好理解，"教师编制"类教师一般都受过高等教育，具有一定的科学文化知识。他们将自己掌握的科学文化知识以课程的形式讲授给学生。通过教学方式传播的知识主要是显性知识。

科研项目可以分为基础研究和应用研究两大类。科研项目的研究内容主要由两种因素决定：一是科学家的个人兴趣，二是社会需求。科研项目的管理者是政府部门，所用资金一般来自国家财政拨款，承担者为各个领域的科研人员。科研项目一方面是针对某个或某些科研问题进行研究探讨，是一种知识的改进创新活动。另一方面，在科研项目的研究过程中培养了科研人才，对科研人才的培养主要是使这些人才的隐性知识不断增加。社会服务可分为完成科研项目和进行各类咨询，完成科研项目主要是创造知识，进行各类咨询主要是传播显性知识和隐性知识，为社会培训各类人才。

通过上面的分析可以看出，高校师资队伍主要是进行知识相关工作，高校教师本质是知识工作者。高校师资队伍建设的基本目的是生产知识、应用知识、传播知识和创新知识。高校师资队伍本身是掌握一定知识的具有特定作用的人才的集合，对于学校从整体上需要进行知识管理（组织知识），对于教师个人需要进行知识管理（个人知识），实现知识共享是高校师资队伍管理的主要目标。要对高校师资队伍进行管理，必须抓住知识本质，这样才能从根本上管理好高校师资队伍。因此，可以说高校师资队伍管理的本质是知识管理。

高校师资队伍知识管理的本质特征概括如下：①高校师资队伍的知识管理是一个过程，是确定、组织、转化和利用知识信息资源和教师个人的智慧才能的过程；②高校教师知识管理的目的是建立起一个帮助教师学习和沟通知识的系统；③高校教师知识管理的核心在于使教师有机会将显性和隐性的实践性知识转化成系统性知识且能相互传承与保存；④高校教师知识管理的最终目的是不断提高教师在知识社会的环境适应、知识创造、知识应用和不断学习的能力，寻求知识增值的有效方法，建立长期的发展能力；⑤高校教师知识管理就是要促使学校和教师不断地获取知识，使教师通过教学、科研实践不断创造出实践知识。

教师知识管理的本质在于其创造性。当然，高校师资队伍管理还涉及许多其他方面的管理，如人事管理、科研管理、教学管理等，但是所有这些管理都应该围绕知识管理进行，应该以知识管理为核心和主导，目的是高效地生产、创新和传播知识。

在当前高等教育大众化条件下，从知识管理的角度来考虑，大众化条件主要作用在知识管理过程中知识的传播与共享阶段。这是高等教育存在的目标，即让更多的人接受高等教育，高校师资队伍是实现这个目标的主力军，对高校师资队伍的管理要有利于大众化教育的实现。

第三节　人力资源管理及配置

一、人力资源管理理论

（一）人力资源及人力资源管理的概念

1. 人力资源的概念

目前国内外学者对于人力资源的定义的认识和概括仍不尽一致，以下为现在比较有影响的几种解释：人力资源可以看作一定范围内人口总体所具有的劳动能力的总和，是指在一定范围内具有为社会创造物质和精神财富、从事体力劳动和智力劳动能力的人们的总称。人力资源也可以定义为被企业所雇用的各类人员劳动能力的总和。人力资源在宏观意义上的概念是以国家或地区为单位进行划分和计量的。在微观意义上的概念则是以部门和企事业为单位进行划分和计量的。虽然学术界对人力资源的界定并不统一，但究其本质，人们普遍认为，人力资源是人的劳动能力，是存在于人身上的创造社会财富的能力。

因此，人力资源可以定义为一定社会组织范围内人口总量中蕴含的劳动能力的总和。并非一切人力资源都是最重要的资源，只有通过一定方式的投资，掌握一定知识和技能的人力资源，才是一切资源中最重要的资源，并在财富的转化和再生产中起着举足轻重的作用。

2. 人力资源管理的概念

"人力资本理论之父"西奥多·舒尔茨认为，人类的未来不是预先由空间、能源和耕地所决定的，而是由人类的知识发展来决定的。

科学技术是第一生产力，人力资源是第一资源，是最富有竞争力的资源，且已成为当今社会最重要的资源。因而，人力资源管理是第一位的工作任务；人力资源管理的含义可以理解为运用现代化的科学方法，对与一定物力相结合的人力进行合理的培训、组织和调配，使人力、物力经常保持最佳比例，同时对人的思想、心理和行为进行恰当的诱导、控制和调节，充分发挥人的主观能动性，使人尽其才、事得其人，人事相宜，以实现组织目标。

人力资源管理的基本内容主要包括：职务分析与设计、人力资源规划、员工招聘与选拔、绩效考评、薪酬管理、员工激励、培训与开发、职业生涯规划、人力资源会计、劳动管理等。这几项基本内容相互之间是相辅相成、彼此互动的。

（二）人力资源管理和人事管理的关系

人力是资本，资本就要有研究开发和日常管理。现在很多组织将人力资源管理和日常人事管理由一个部门来运作，日常的人事管理还可以正常运作，但人力资源管理却不能得到正常发挥。人力资源管理要深入研究开发组织下一阶段所需人员，确定这些人员应该从哪里开发，如何将所需人员吸引到组织当中来。

人力资源管理与人事管理在关注员工素质，积极寻找有效的方式进行招聘选拔、培训、评估及激励等方面的基本立足点是相同的。所不同的是，现代人力资源管理已扩大了传统的人事管理的职能，即从行政的事务性的员工控制转为实现企业的目标，建立一个人力资源规划、开发、利用与管理的系统，以提高组织的竞争力。

人力资源管理和人事管理之间是一种继承和发展的关系，一方面，人力资源管理是对人事管理的继承，人力资源管理仍然履行人事管理的较多职能，同时，人力资源管理的立场和角度又完全不同于人事管理，是一种全新视角下的人事管理。

人事部是任何一个组织必备的，它要完成组织的日常人事管理。人力资源部就不同了，组织要进入快速发展，为下一发展目标做人力储备，所以说它要结合组织的发展目标、组织规模本身、人力资本的需求量而定，组织发展规模不同，人力资源部的工作量也不同。不同时期的组织，需要不同类型的人才。

要分析什么是人才，这个人才的潜能是什么，他将给组织带来什么。人力资源管理研究的就是人力资本的作用。人力资源管理不能做到为组织分析所需人才、所用人才，不能为组织储备人才，不知道人才的潜能是什么，不知道人力资本是什么，也就谈不上人力资源管理。这项工作是复杂的系统工程，需要投入大量的人力和物力去运作。

这就首先要理解什么是人力资源管理，什么是人事管理。目前大部分组织将人力资源管理和人事管理混为一谈。人力资源管理不是人事管理，人事管理也不是人力资源管理，两者属于各不相同的职能部门。人力资源部是一个研究开发部门。人力资源部的职责是走在组织发展计划的前面，为组织下一阶段发展做好人才储备。如果组织需要人才时再现去招人，那只能称为人事管理，谈不上人力资源管理。所以说人力资源部是一个研究开发部门，人事部是一个行政管理部门，两个部门的职能是完全不同的。人力资源部的职责是把握组织下一阶段发展方向，研究组织下一阶段发展所需要的是什么样的人才，这些人才在哪里，如何将他们吸引到组织当中来。

（三）人力资本理论

人力资本理论的创始人是美国经济学家、1979年的诺贝尔经济学奖得主舒尔茨。他的人力资本理论主要包括以下内容：人的知识和技能被认定为资本的一种形式，称为人力资本。具体概括为以下几方面：教育投资、医疗保健投资、劳动力迁徙投资。人力资本存量，对劳动生产率的提高和经济的增长起着越来越重要的作用。他认为，人力资源是一切资源中最主要的资源。人力资本理论是经济学中的核心理论。教育投资应以市场供求关系为依据，以人力价格的浮动为衡量标准。这就是说，各个时期对教育投资的多寡，对各大学专业投资的多寡，都必须遵循市场经济的法则。人力资本理论的创立对人力资源的开发产生了十分重要的积极意义。人力资本理论的贡献不仅在于计算出教育中的经济价值，更重要的是开拓了人类的思维，通过人力投资进行人力资源开发将惠及各国。因为通过对人的开发，培养高素质劳动力，能使资源得到更充分有效的利用，能通过利用其他资源克服某些资源的稀缺问题，能加速科学技术的创新和扩散，相对地拓展资源的供给边界。人力资本理论使人看到，当代社会的经济增长已不再仅仅取决于物质资本生产力，还取决于人力资本生产力，这种共识促使人们越来越注重通过人力资本的投资来开发人力资源。

（四）人本管理理论

人本管理的核心即以人为核心的管理，它强调人在管理中的核心地位和作用，把人的因素放在首位。它要求管理者在一切管理活动中十分重视处理人与人之间的关系，充分调动人的主动性和创造性，把做好人的工作作为管理根本，使管理对象明确组织的整体目标、自己所担负的责任，自觉主动地为实现整体目标努力工作；根据成员对组织的价值高低以及劳动力市场上的稀缺性提出的人才分类模型，对团队成员的角色进行区分定位，进而使团队成员达到职能相对应；人才分类模型中的核心人才和独特性人才指的是高校科研团队中的学术带头人和学术骨干，而管理、服务人员则归为辅助性人才和一般性人才，成员角色不同，职责、管理方法也不同。总地来说，人本管理理论就是通过以人为根本的管理，在管理中充分考虑人的价值和自由，考虑人的情感、心理和社会关系等需求，进而最大限度地发挥人的主动性和能动性。

二、人力资源配置理论

（一）人力资源配置及配置机制的内涵

国外学者对人力资源配置有着不同的解释，有的称之为"placement"，有的称之为"matching"，有的称之为"orienting associates"。虽然这三个词都是指人力资源配置，然而不同的解释有着不同的管理重点："placement"强调的是对人员的安排或安置，使每个人有事可干，有干事的条件与环境，即找到一个适当的岗位；"matching"强调的是对人员与岗位双方面的选择和配合，这种配置具有双向性、动态性、协调性与匹配性；而"orienting associates"强调的是人员既要适合岗位还要适合群体，既要适合物理环境又要适合心理与社会环境，这种配置具有整体性、互补性与社会性的特点。人力资源配置既是人力资源管理的起点，又是人力资源管理的终点，任何一个组织人力资源管理工作者所追求的目标，都是使合适的人干合适的事，人事相配，做到人尽其能、能尽其用、用尽其事、事尽其效。

人力资源配置可以看作按照一定的需要和标准将劳动力资源分配到社会生产及其他经济活动中予以使用的动态过程和静态结果。其基本内涵是：在动态过程方面，人力资源配置是与人力资源开发和利用相联系的一个重要环节；在静态结果方面，人力资源配置是为了实现一定社会生产目的及满足其他经济活动需要而按照一定的需要和标准将劳动力资源调配的结果。

（二）人力资源配置的模式和层次

对于人力资源配置的模式和层次，厉以宁先生做了深入的论述。厉以宁先生认为资源配置方式包含宏观和微观两个层次的含义。宏观层次上的资源配置是指资源如何分配于不同部门、不同地区、不同生产单位，其合理性反映于如何使每一种资源能够有效地配置于最适宜的使用方面，微观层次上的资源配置是指在资源配置为既定的条件下，一个生产单位、一个部门、一个地区如何组织并利用这些资源，其合理性反映于如何有效地利用它们以达到最大程度地符合社会需求的产出。这种资源配置层次理论用到高校人力资源配置方面，表现为：人力资源在高等教育系统内的宏观配置为高层次配置，人力资源在个别高校内部的微观配置为低层次配置；通过技术措施或内部的管理措施来实现资源利用效率的提高可以实现低层次的人力资源配置，而通常要涉及人才流动和宏观调控手段运用的人力资源配置为较高层次的人力资源配置。

从宏观角度来说，人力资源配置的模式比较有代表性的主要有以下三种。

第一种是计划配置，也称行政强制性配置，即依据有关职能行政部门制订的计划，按一定的比例分配劳动者，将人力资源配置到各部门、各机构。

第二种是市场配置，即通过市场机制，通过报酬杠杆互相选择、调节人力资源供求关系，实现劳动者与组织的相关配合。

第三种是计划与市场相结合的综合型配置，它是一定计划机制条件下的市场配置，或一定市场机制条件下的计划配置。

这三种人力资源配置模式是人力资源的整体配置，解决的只是劳动者与组织之间的配合问题。

从微观角度来说，人力资源配置主要有如下三种模型。

一是人——岗关系型，主要是通过人力资源管理过程中的各个环节来保证组织内各部门各岗位的人力资源质量。它是根据员工与岗位的对应关系进行配置的一种形式。就组织内部来说，目前这种类型中的员工配置方式大体有招聘、轮换、试用、竞争上岗、末位淘汰、双向选择等。

二是移动配置型，通过人员上下左右岗位的移动来保证组织内的每个岗位人力资源的质量。这种配置的具体表现形式大致有三种：晋升、降职和调动。

三是流动配置型，通过人员相对组织的内外流动来保证组织内每个部门与岗位人力资源的质量。这种配置的具体形式有三种：安置、调整和辞退。

（三）高校教师人力资源及管理的概念

1. 高校教师人力资源的概念

舒尔茨认为现代人力资本是决定一个国家和地区经济增长以及贫富差距的主要因素。这是当今人类进入知识经济时代的必然趋势。人力资本，是通过对人力的投资而形成的以人的高智能和高技能为基本存在形态的资本，表现为人的能力和素质。由于大学的功能是为社会培养和输送高素质的人才，那么，离开高素质的教师队伍，大学的这一功能就很难实现。

高校人力资源的范围较广泛，包括高校中从事教学、科研、管理和后勤服务等方面工作的教职工总体所具有的劳动能力的总和，而其中的主体是以其教学育人活动和科研创新活动所产生的重大社会价值为外显的教师。

高校教学科研人员在人力资源中属稀缺资源。在高校人员群体中，教学科研人员一般要经过长时间的锻炼成长，有一个不断学习与实践的过程，其中骨干人员往往需要更多的投入才能脱颖而出，之后便成为高校教学科研人员中的先锋，也成为全社会人力资源中争夺最激烈的部分。因此，高校需早做筹谋，有目的、有计划地发现人才、培养人才、引进人才，在动态过程中形成相对稳定的骨干队伍。

2. 高校教师人力资源管理的概念

高校教师人力资源管理，主要研究高校教师人力资源管理活动的内在联系和客观规律，包含两层意思。一是高校教师人力资源管理有独特的管理对象。其管理对象为高校教学活动中的教师以及教师与组织、环境、事、物的相互联系。高校教师人力资源既在开发中提高，又在利用中增值，这种提高与增值，一方面促进人力资源的进一步提高与增值，另一方面又对其他物力资源继续开发的广度和深度、效率与效果起着决定性作用。二是高校教师人力资源管理有其客观的发展规律。

3. 高校人力资源配置的概念

高校人力资源的优化配置，以高校自身的办学定位和发展目标为中心，以精简高效的学校组织框架为基础，优化人力资源组合，以最大限度地发挥人力资源在人才培养和科学研究中的作用。

由此可以看出，高校人力资源配置主要是以学校的办学方向和发展目标为中心，以精简高效为特征的学校组织机构为基础；在精简高效的组织框架里，根据组成人力资源的各个个体的长处和特点，合理组合和调配人力资源；在合理组合调配的基础上，最大限度地发挥人力资源的作用，充分调动每个自然人工作的积极性。

第二章 高校师资管理队伍建设

第一节 高校管理队伍建设

高等教育要提升质量,队伍建设是关键,而队伍建设又包括十分丰富的内容。其中,师资队伍和管理队伍是最为重要的组成部分。相比而言,师资队伍建设的重要性得到了广泛的认同和更多的关注,因此有必要对队伍建设进行整体性思考,把管理队伍建设摆上突出的位置,认真进行系统设计、有序推进,使之成为高等教育提升质量的有效支持。

一、提高高等院校管理队伍质量建设阶段

如果说,规模扩张和新建发展阶段高等院校管理工作不精细,管理队伍没有摆上十分重要的议事日程,还只是一个阶段性的问题,但如果长期继续这样的理念和做法,既会影响教育教学质量的提高,更会影响学校的可持续发展,必须把加强管理工作和管理队伍建设摆上新的高度,主要理由如下。

(一)高等教育规模发展到一定阶段后必须重视管理革新问题

我们提出加强管理干部队伍建设,提高高等院校管理水平,并非是对我国高等院校管理现状持一种否定观点,而是说,过去的状况是一个阶段的必然现象,而现在我们的高等院校已经有相当规模了,在规模达到一个阶段后,管理问题就显得重要和突出。正如马克思所言,一切规模较大的组织或多或少需要组织指挥和协调,一个小提琴手是自己指挥,一个乐队就需要指挥。现在高等院校少则几千人,多则上万人,科学的管理机制、专门管理制度、高水平的管理队伍十分必要,管理队伍应该有专门的序列、专职化的人员配置和发展进阶。

(二)高等教育进入提高质量阶段后管理工作需要提升和加强

规模扩张是显性,而提高质量是隐性,十年树木、百年树人。因此提高质量,高等院

校有大量的文章可做，教学工作的科学安排，师资队伍的合作调度，安全稳定机制的建立，思想教育的有效性，尤其是与高等教育特征相适应的校企合作、工学结合机制的建立等，都是管理工作和管理队伍建设的重要范畴。

二、高等院校管理队伍建设的主要价值取向

构建全方位、整体化高等教育管理队伍，可以从不同角度进行分类建设，也可以作为高等院校管理队伍建设的主要价值取向。

（一）从管理队伍层次看，高等院校需要决策领导型、管理协调型、执行操作型三个层次的管理者

1. 决策领导型管理者，主要是指高等院校的校级领导班子

这支队伍应该具有较强的法律法规和方针政策意识，具有较强的市场意识和民主意识，懂政治、懂教育、懂市场、懂人才、懂学生，能够抓住机遇、能够整合资源；善于谋局用人、善于创新发展。这支队伍应该做到素质优异、数量适当、智能互补、结构合理。

2. 管理协调型管理者，主要是指中层管理干部队伍

他们在学校建设和发展中起着承上启下的中流砥柱作用，对他们的基本要求是，能创造性地开展工作，具有较强的学习力和执行力，能够把文件学清楚，把市场搞清楚，把思路理清楚，把事情做清楚，把话语（总结）说清楚。

3. 执行操作型管理者，主要是指高等院校管理队伍的基层干部

对他们的基本要求是：忠诚、专业、负责，能够领会领导意图，严格规范办事，认真履行岗位职责，在分管职责内充分行使职权，承担责任，做好工作，成为行家。

（二）从管理工作内容看，高等院校管理队伍建设需要重点培养六类人员

1. 教学管理队伍

这是高等院校管理队伍的基础性人才。学校工作以教学为中心，人才培养工作是重心，建设一支熟悉高校教育规律，懂市场、懂专业、会管理的教学管理队伍十分重要，它既包括教务处等职能部门，也包括实训等辅助教学管理部门，当然，更包括系（部）和专业（教研室）主任。

2. 育人管理队伍

这是高等院校管理队伍的重要组成部分。学校工作必须坚持以育人为本、德育为先，

育人工作是学校工作的核心。因此，建设一支高素质育人管理队伍至关重要，他们必须懂学生、懂青年、掌握育人规律，具有教育学、心理学等方面知识，爱学生、负责任、会教育、愿服务。

3. 市场营销队伍

从某种意义上说，市场营销队伍是高校教育的特殊组成部分，也是有机组成部分。正确定位、研究市场、开发市场、巩固市场是一所学校得以生存和发展的必要条件，正因为这样，高等院校必须培养一支市场意识强、营销水平高的人才队伍，促进高等教育的可持续发展。

4. 安全管理队伍

发展是第一要务，稳定是第一责任。一所学校要创新发展、提高质量，其前提是安全和稳定，因此，建设一支忠于职守、纪律严明、责任心强，具有牺牲和奉献精神的安全管理队伍显得十分重要。

5. 后勤保障队伍

学校是一个综合体，高等院校学生都远离家长，以住校学生为主，因此，建设和完善后勤生活设施是中国现阶段高校运行模式的常态。正因为如此，同样需要建设一支服务意识强，具有较好服务技术和能力、脚踏实地、勤奋实干的后勤保障队伍。

6. 辅导员队伍

辅导员是中国高等学校队伍建设的特色，其主要任务是学生思想政治教育、学生发展指导和学生事务管理。按照中央有关要求，辅导员队伍要按照双重身份、双重待遇、双线晋升的要求，既要作为师资队伍来抓，也要作为管理队伍来抓，并切实增加投入，加强建设。

三、现阶段加强高等院校管理队伍建设的建议

高等院校管理队伍建设是一项系统工程，必须进行制度上的顶层设计，并争取有力措施加以推进。

（一）积极构建"双阶梯"式管理和激励模式

这就是说，高等院校必须建立起专门的师资队伍和管理队伍，两支队伍允许有交叉，但对"双肩挑"的范围和条件应有严格限制。师资队伍与管理队伍承担的岗位职责不同，遵循的工作逻辑不同，所需的能力要求和知识素质也不同，因此两支队伍建设具有同等的

重要性，不可偏颇。就个体而言，应根据自身特长、条件等因素正确定位、科学规划，坚持岗位稳定与转岗慎重；就学校而言，应该明确教师和管理人员的二元序列与双重进阶，使两者在不同的序列下履行职能、在不同的进阶阶段实现成长发展，特别是在管理制度和办法设计上，采用不同的考核指标，分别采用有效的激励措施，鼓励员工在不同岗位上勤奋创新、做出贡献、争创佳绩。

（二）科学设计管理队伍岗位设置和管理办法

当前，全国范围内正在进行事业单位岗位设置管理和改革。应当说，它对规范事业单位岗位设置和人员管理具有较大的推动作用，对实现事业单位内部管理由经验模式向科学模式发展具有积极的促进作用。现行的办法还不够精细具体，在推进思路上仍然沿袭了行政机构改革的相关制度模式，问题是，如果再按行政相关的办法建立薪酬考核办法，那就未必能得到应有的效果，弄不好还会违背决策的初衷。事业单位的存在理由主要是实现各级政府的公共服务责任、落实社会公平与福利的价值追求，不同于行政机构的公共管理职能与社会安全与秩序追求。因此，应该鼓励高等院校从学校特点出发，引入企业化管理机制和绩效考核办法，以真正体现高等院校校企融合的办学追求，比如在教职工的工资结构设计上应当减少固定的基本工资部分，增加灵活的绩效考核内容和办法。

（三）着力搭建一套专门针对管理队伍的综合培养体系

培训和教育是加强高等院校管理队伍建设、提高管理队伍水平的必要条件，为此，应建立综合化、立体式培养体系，尤其是在培养理念与培养内容上，要与师资队伍培训有所区别，各有侧重。具体而言，可包括以下几方面：一是岗前培训，坚持做到先培训后上岗；二是岗位轮训，及时传达和领会新形势、新政策、新理念；三是转岗培训，凡轮岗、转岗者都必须经过培训。要做到这些，就必须由教育行政主管部门会同有关方面设计系统的岗培从业资格标准，提供岗位培训条件和渠道，在培养内容上应当强化双语会话、计算机网络应用、公共管理学等方面的能力与水平，从而有利于管理队伍建设的有效开展。

第二节 高校辅导员队伍建设

在中国高校，辅导员是一个特殊的职业群体，他们具有教师和管理者的双重身份，既是高校教师队伍的重要组成部分，也是高等学校从事德育工作、开展大学生思想政治教育的骨干力量，是大学生日常思想政治教育和管理工作的组织者、实施者和指导者，是大学生健康成长的指导者和引路人。其地位身份之特殊、责任使命之崇高，足以说明建设好这支队伍的重要性。

一、高等院校辅导员队伍的职业特性

（一）高等院校辅导员工作的主要内容及其相互关系

辅导员是高等学校教师队伍的重要组成部分，是高等学校从事德育工作、开展大学生思想政治教育工作的骨干力量，是大学生健康成长的指导者和引路人。

1. 高等院校专职辅导员是大学生思想政治教育和日常管理工作的组织者和指导者

高等院校专职辅导员工作在学生思想政治教育的第一线，大学生的日常思想政治教育主要由他们来组织实施和引导。组织学生学习中国共产党的光荣历史，培养学生的爱国主义精神的是专职辅导员；培养学生崇高的民族自豪感和自信心的是专职辅导员；引导学生关注时政和国家建设，了解我们国家和社会现实的也是专职辅导员；指导学生党支部和班委会的建设，培养学生党员和学生骨干的同样还是专职辅导员。

2. 高等院校专职辅导员是学生成长成才的导师

高等院校是培养社会急需的高层次应用型人才的地方，其核心是塑造人的教育。大学时期，是青年学生完成世界观、人生观和价值观的定型时期。专职辅导员所要起的作用就是在学生世界观、人生观、价值观形成和变化的关键时期，发挥重要的教育和引导作用，解决青年学生在成长过程中碰到的各类问题，为学生指明正确的发展方向，促进学生的人格完善和成长成才。

3. 高等院校专职辅导员是大学生最值得信赖的朋友

高等院校的专职辅导员要成为学生健康成长过程中最值得信赖的朋友，只有和学生成为朋友，深入学生当中，方能了解学生的生活、学习和思想状况，学生才愿意与之交流和沟通。这样，专职辅导员才能真正影响学生、引导学生，才能成为大学生的人生导师，才能更顺利地完成大学生的日常思想政治教育和管理工作。

在这几个层次的工作内容中，学生思想政治教育是辅导员的核心工作，学生成长成才指导是主体性工作，学生日常事务管理是基础性工作。

（二）高等院校辅导员工作的主要特征及其关系

从上述三方面的内容可以看出，高等院校的辅导员工作的对象是大学生，因而决定了其工作性质具有以下三个特点。

1. 对象的善变性

即辅导员面对的是一个个不同的具有特定价值倾向且处在不断变化和发展之中的大学生，后者的善变性和可塑性决定了辅导员职业的挑战性和创造性，同时也对辅导员的思想境界、教育理念、教育能力、工作艺术提出了更高的要求。

2. 内容的复杂性

辅导员工作千头万绪、纷繁复杂且没有时空边界，辅导员不仅是大学教育的重要力量，而且是各种教育要素的协调者，既要把握校内教育资源，又要整合社会与家庭教育资源。

3. 影响的长效性

辅导员的工作方法是多种多样的，对大学生成长的影响也是多方面的，既需要丰富的学识智慧濡染，又需要自身的人格感召，辅导员与大学生的交往也是相互的或者是双方乃至多方互动的，其工作机理在于潜移默化、长效促进。

（三）由工作内容和性质提出的辅导员素能要求

由上述辅导员的工作内容和性质分析可知，辅导员须具备教师和管理者的双重素质和能力。具体来说，主要应做到以下几点。

1. 高学历

这是其具备渊博知识和丰富智慧的一般前提条件，也是赢得大学生信任的主要前置内涵，自然也是做好辅导员工作的重要因素。同时，这里所说的高学历乃是相对于辅导员的工作对象而言的较高学历，不应理解为片面追求高学历甚至最高学历。

2. 高素质

辅导员工作主要是做人的工作，其行为规范、道德品行、言语能力、奉献精神等都是十分重要的，缺少了高素质，辅导员工作一定做不好。

3. 高水平

它需要有经验和知识的积淀，也需要有处理复杂问题的技巧和艺术，辅导员要善于发现问题、分析问题、解决问题，有能力推进系部、专业学生面貌既健康向上、生机勃勃，又保持平衡有序。

二、对加强高等院校辅导员队伍建设的整体思考

加强高等院校专职辅导员队伍建设，是一项复杂系统的工程，要做好高等院校的专职

辅导员队伍建设工作，就得从合理配置并优化专职辅导员队伍的结构、建立卓有成效的专职辅导员队伍激励制度、健全专职辅导员的培训体系等方面着手，加强对专职辅导员的科学化管理。

（一）合理配置并优化专职辅导员队伍的结构

高等院校的专职辅导员是学生在校期间寻求指导最多、联系最为紧密的人群，所以高等院校要针对当前高等教育的发展实际，按照德才兼备和精干的原则，合理配备一线专职辅导员的数量，并要优化这支队伍的结构。

1. 保证专职辅导员的数量

高等院校的专职辅导员和学生的比例至少达到1：200，要严把进入关。由于近年来高等院校人事管理制度的多元化，使高等院校专职辅导员的来源不再局限于单一的渠道，形式是多种多样的。专职辅导员的"进口"渠道多了，如果不严格把好关口，势必会鱼龙混杂，降低专职辅导员队伍的质量。因此，我们要优化高等院校的专职辅导员队伍，至关重要的是要把好"进口"关。在把住进口的同时，还要开通"出口"，对工作业绩不佳，经实践检验不适合辅导员工作的人员能够及时调整出去，形成"能上能下、能进能出"的良性机制。

2. 严格专职辅导员的准入制度

高等院校要在源头上把好专职辅导员队伍的入口。在招聘专职辅导员时，应按照德才兼备的宗旨，坚持公平、公正、公开的原则，遵循政治强、业务精、纪律严、作风正的素质要求，从品学兼优的高校毕业生、优秀青年教师中选拔、培养专职辅导员，以保证这支队伍的总体素质。一般而言，在我国高等院校从事学生思想政治教育及学生事务管理工作的专职辅导员必须是中共党员，要具有坚定正确的政治方向、敏锐的政治洞察力、政治鉴别力，并能坚持党的教育方针。从人员配备来看，应严格按照国家规定的辅导员与在校学生人数1：200的比例标准配备专职辅导员；从选拔程序来看，要坚持面向社会的公开公选招聘和在本校青年教工中单独确定考察人选和对象的内部选拔相结合的方式。

3. 要把握专职辅导员队伍的五个结构

高等院校要在专业、学历、职称、年龄、性别等方面把握好专职辅导员队伍的五个结构。第一是专业结构。因为高等院校的学生思想政治教育和日常事务管理工作是一门科学，它涉及思想政治教育、心理学、社会学、伦理学、教育学和管理学等专业领域，这就需要从事该项工作的专职辅导员必须具备上述学科的专业背景。第二是学历结构。随着高等教育的不断发展，学生的思想观念日趋多元，学生思想政治教育及日常事务管理工作迫切需要高学历的专职辅导员加入，因为高学历的专职辅导员不仅能更深刻地分析、探讨、研究学生的思想政治工作，还能在学生中更好地树立威信。第三是职称结构。高等院校应创造条件打破专职辅导员职称评审的瓶颈，形成高中低梯次合理的专职辅导员职称结构，因为合理的职称结构能在具体的工作中发挥高职称辅导员的"传、帮、带"作用，促进低职称辅导员的快速成长，同时，搭配合理的职称结构也是专职辅导员队伍综合实力的体现，有利于维护专职辅导员队伍的稳定。第四是年龄结构。实际工作中，不同年龄段的专职辅导员有着不同的工作特点，因为年龄不同，其阅历和经验也各有不同。比如年轻的辅导员思维活跃、观念新颖、工作有激情，且容易和学生打成一片，工作年限久、年龄稍长的辅导员经验丰富、见多识广，当面临复杂问题和突发事件时，他们能巧妙应对，周到处理，因为年龄的关系，年长的辅导员在工作中更容易让学生信服。第五是性别结构。随着社会观念的不断变化，家长对子女教育的重视程度越来越高，在高等院校里，女大学生的数量和规模在逐年增长，在有些高等院校，女学生的数量甚至大大超过男生的数量，成为校内的学生主体。这在一定程度上改变了以往学生思想政治工作的内容和方式。同时由于女性在生理、心理上的特有性质，高等院校必须在专职辅导员的性别结构上予以合理设置，以便在实践中更好地开展学生的思想政治教育与日常事务管理工作，增强辅导员工作的针对性和实效性。

（二）建立卓有成效的专职辅导员队伍建设激励制度

1. 打通专职辅导员的职称评审瓶颈

因为专职辅导员角色和岗位性质的特殊性，高等院校应将专职辅导员列入教师编制，实行教师职务聘任制，在职称评定方面给予适当倾斜。专职辅导员可以申报政工系列、教师系列和研究系列职称，侧重于考核思想政治素质和工作实绩。高等院校要根据自身所具有的评审权和有关政策规定，组织专门的思想政治教育职称评审组织，负责专职辅导员的职称评审、推荐工作。在专职辅导员的职务聘任中，要充分考虑思想政治工作实践性强的特点，注意考核思想政治素质、理论政策水平及从事思想政治工作的实绩和能力。

2. 理顺专职辅导员的管理体制

理顺管理体制是专职辅导员队伍长效性建设的重要一环。目前实行的管理体制中，大多数高等院校的专职辅导员的编制在二级分院或系部中；日常工作的安排、考核在二级分院（系）部、学院学工部、团委；而任用、选拔、提升、流动由院党委组织部和人事处负责。这样就形成多重管理、考核的局面，导致专职辅导员工作责任不明确，任务又过于繁重，难有成就感；而在培养和出路上又少人问津或只停留于纸上或口头上，以致专职辅导员不得不自谋出路，争先恐后地"分流"。高等院校应出台专门的制度，明确专职辅导员的岗位工作职责，做到目标任务清晰，工作落实有章可循。

解决了体制问题，就会增强专职辅导员的职业归属感，也就明确了专职辅导员的工作责任，使他们能够感受到作为一名辅导员有自己的工作阵地和进一步发展的可能，是一项可以长期从事的职业，这是实施专职辅导员职业化的前提。

3. 明确专职辅导员的出路和待遇

高等院校要关心专职辅导员的工作、生活和出路，认真落实有关政策，从制度上解决好他们的职务、职称、待遇、发展等问题；完善专职辅导员的评优奖励制度。将优秀专职辅导员的表彰奖励纳入各级教师、教育工作者表彰奖励体系中，按一定比例评选，统一表彰；要树立一批专职辅导员工作先进典型，宣传他们的先进事迹，充分肯定他们在大学生思想政治教育中的贡献；专职辅导员的岗位津贴要纳入高等院校内部分配体系统筹考虑，确保专职辅导员的实际收入与学院同级别、同层次的专任教师的实际收入水平相当；专职辅导员应享受所聘岗位的岗位津贴；高等院校在院内教职工福利方面，专职辅导员应与本院相同资历、相应职务的专任教师享受同等待遇；高等院校要统筹规划专职辅导员的发展出路。凡在专职辅导员岗位上工作满一定年限的人员，根据工作需要、本人条件和意愿，应有计划地做好他们的"提、转、留"工作：提——对那些政治素质好、业务能力强、有发展潜力的中青年思想政治工作的骨干作为党政后备干部予以重点培养，根据工作需要逐步提拔使用；转——转到教学、科研或管理工作岗位；留——继续留在学生思想政治工作岗位上并加以培养。通过以上措施，在动态中不断优化专职辅导员队伍，促进干部交流，建立积极向上、不断进取的选拔培养机制。

（三）建立健全专职辅导员的培训培养体系

高等院校需关心专职辅导员的成才成长，加大对这支队伍的培训培养力度。要通过发挥学校内部学生工作经验丰富的老教师的传帮带作用，积极创造有利于专职辅导员开展工作实践和研究的教学科研条件，同时要坚持培养和使用相结合的原则，促进专职辅导员队伍的整体水平提升。

1. 实施辅导员"青蓝工程"

实施辅导员"青蓝工程"，通过开展指导教师与新辅导员结对子活动，发挥指导教师的传帮带作用，使辅导员尽快提高自己的职业道德、学生工作能力和管理水平，建设一支政治思想好、师德高尚，具有严格的科学态度、团结合作、创新进取精神的辅导员队伍，使他们在辅导员岗位上由合格提升到胜任，由胜任进步到优秀。"青蓝工程"中的青方是指新进校从事专职辅导员工作的青年教师，蓝方是指具有丰富学生工作经验的教师和管理干部。

"蓝方"的主要职责：帮助辅导员提高政治思想素质和敬业精神，增强其工作能力、社会适应性和社交能力。点评指导辅导员所开展的学生管理工作，指导辅导员开展重大、疑难的学生工作，帮助辅导员尽快提高学生管理工作水平。帮带期为2年。"蓝方"的聘任条件：具有良好的职业道德和思想情操，为人师表，工作踏实，有积极进取的精神。具有中级及以上职称，至少在本校担任过一届班主任工作且考核及格及以上者或从事学生工作2年以上的相关人员。

"青蓝工程"实施措施："青蓝工程"由学生处负责组织实施和考核。每名新辅导员由所在系或学工部推荐指定一名指导教师。个体"青蓝工程"的培养计划由系部负责制订，并具体落实实施。各系（部）负责对本系"青蓝工程"实施情况进行定期抽查和期终验收。每学年末全院组织开展总结评比活动。帮带期满经考核合格以上者，学院视考核结果，给予指导教师一定数额的奖励。被培养的新辅导员表现优秀者，学校同样需要给予一定奖励；经考核不合格者，青方将不予聘任或解除录用协议，蓝方视同班主任或任学生导师考核不称职。

2. 加大专职辅导员队伍培训培养力度

（1）坚持培养和使用相结合的原则，加强对专职辅导员的培养和提高

高等院校坚持培养和使用相结合的原则，加强对专职辅导员的教育和培养。通过组织经验交流、提高学历层次、定期培训、外出进修、参观考察等多种形式的培养教育活动，不断提高他们的政治理论素养和政策水平，增强敬业精神，努力提高组织管理工作水平和工作技能。要将专职辅导员的培养纳入学校师资培训规划和人才培养计划，享受专任教师同等待遇。

（2）建立长效性的培养制度，切实促进专职辅导员队伍的整体水平提升

高等院校要建立长效培养制度，对专职辅导员定期进行培训，如岗前培训、日常培训、专题培训、更新知识培训等各种形式的岗前培训和在岗培训，培训内容主要包括马克思主义基本理论、时事政策、管理学、教育学、社会学和心理学，以及就业指导、学生事务管理等方面的知识和技能。对专职辅导员的培训要纳入学校的师资培训规划，由组织部、人事处及学生工作部负责实施。原则上每年对专职辅导员队伍至少进行一次业务培训，对新从事学生工作的专职辅导员进行一次岗前集中培训，每年与省内外院校进行校际交流1~2次，每两年组织一次省外学习考察。

第一，岗前培训制度。在新选聘的辅导员上岗前，职业院校要组织专业人员或资深辅导员对新参加工作的专职辅导员进行岗前培训，让他们了解学院的一些基本情况和学生管理工作的具体情况。专职辅导员经过培训达到基本要求，取得合格证书，方可上岗工作。

第二，学生工作例会制度。院校每月要召开1~2次由各二级学院党委书记（分管学生工作的副书记）或专职辅导员参加的学生工作例会。在会议上，要结合当前实践，加强时事培训，让专职辅导员了解更多的现行政策及管理条例，以会代训，通过例会学习文件、

研究问题、布置工作等，从而让专职辅导员更好地了解学生工作的管理规定。

第三，专题培训制度。通过座谈会的形式或者讲座的形式开展培训，围绕某一学生管理工作主题，让与会的座谈人员进行经验交流，总结模式；另外还可以通过讲座形式，邀请有关专家开展专题讲座，加强专职辅导员对有关领域专业知识的了解和学习。

第四，在职学习与进修培训制度。高等院校支持专职辅导员在做好大学生思想政治教育工作的基础上在职攻读相关专业学位，鼓励和支持专职辅导员成为思想政治教育工作方面的专门人才。选拔优秀专职辅导员脱产攻读相关的硕士、博士学位，实现骨干队伍向思想政治教育和学生管理的职业化、专家化方向发展。专职辅导员工作满一定年限后，学校要有计划地安排他们进行一定时间的脱产、半脱产培训进修。此外，学校还需要选派一定数量的专职辅导员进行业务培训，比如心理咨询师培训、职业指导师培训等等。

当然，有条件的高等院校应设立辅导员培养发展基金，每年划拨一定专项经费，用于专职辅导员的培训学习。辅导员培养发展基金的管理和使用由学生工作部统一负责，根据学校计划和各二级学院申报的项目给予资助。各二级学院必须结合部门实际设立专项经费用于专职辅导员的培养提高。

3. 创造专职辅导员结合工作实际开展教学科研的条件

由于专职辅导员所从事的学生思想政治教育与日常事务管理是一门科学，所以高等院校要充分依托本校思想政治教育学科的资源优势，鼓励和引导专职辅导员挂靠思想政治教育或人文素质与职业素养教研室，为专职辅导员的专业化和职业化发展提供学科支撑。同时，要创造条件支持一线专职辅导员开展与实际工作有关的实践性研究，推动专职辅导员队伍由"埋头苦干型"向"实践—研究型"转变。条件成熟的高等院校最好能为专职辅导员配备专门的导师，通过一对一指导来提升辅导员的理论素养和科研水平等。高等院校要把学生思想政治教育与管理的研究纳入哲学社会科学科研管理范畴，规范管理。充分发挥学校思想政治工作研究载体的作用，为专职辅导员开展研究工作提供平台。学校要划拨研究专项基金，采取招标和委托的方式，就大学生思想政治教育中迫切需要解决的若干重大问题，支持专职辅导员开展应用性、前瞻性课题研究。支持和鼓励专职辅导员承担大学生思想道德修养与法律基础、形势政策教育、心理健康教育、就业指导等相关课程的教学工作，并合理核定其工作量。把专职辅导员开展教学和科研的情况作为年度考核和职称评定的重要依据。

总之，要培养出既有过硬的思想素质又能适应时代发展需要的应用型技能人才，从事高等学生管理的一线专职辅导员责无旁贷。在大力推进素质教育和加强大学生思想政治工作的今天，迫切需要建设一支思想品德过硬、专业素质扎实、工作能力和敬业精神较强的适应高职学生管理的长效性的专职辅导员工作队伍。

第三节　高校班主任队伍建设

中国的高等学校实行"院—系—班级"三级体制，同时，中国的高校特别强调学校的教书育人职责，因此，一般而言，各高等学校都按照中央的规定配备有足量的思想政治教育辅导员（简称辅导员）。与此同时，各学校都根据学生工作的需要，建立以班级为基本单元，以专业、年级、系部（或二级学院）为主要归口的管理组织形式。几十年来，作为班级具体管理者的班主任这个概念，无论在小学、中学还是大学都是十分牢固的。

目前的班主任工作模式主要有两种：一种模式是采用辅导员直接带班负责班级的教育管理工作，一些学校要同时配备班主任，此时的班主任主要侧重于学生的专业指导和学习辅导，班主任的角色定位类似于导师制中的导师；在这种模式下，也有一些学校不再另外配备班主任，由辅导员负责全部的班主任管理工作。另一种模式是按照《教育部关于加强高等学校辅导员、班主任队伍建设的意见》的文件精神配备的，做到了"专职辅导员总体上按1：200的比例配备，保证每个院（系）的每个年级都有一定数量的专职辅导员。同时，每个班级要配备一名兼职班主任"。

一、高等院校班主任的地位与作用

（一）学生成长需要班主任的扶持

强调教育的道德意义，主张教育应该培养有能力、关心人、爱人也值得人爱的人。如果学生没有处于一个被教师关心的环境中，很难想象他们如何学会关心他人以及公共事务。

（二）班主任是班级工作的核心

在思想政治教育中，班主任是班级的直接管理人，是开展学生思想政治教育活动的组织者。在安全稳定工作中，班主任是对学生进行安全稳定教育的责任人，负责掌握学生动态、了解学生需求、消除安全稳定隐患。在日常学生管理中，班主任是落实学院学生管理的一线教育工作者，是提供学生动态信息的主要来源，是开展家校互动和提高学生就业竞争力的重要力量；在学风建设中，班主任是学生进行学业规划的引导者，在开展诚信教育、考风考纪教育以及鼓励学生积极参与社会实践活动、提高学生创新意识、培养学生创新能力等方面具有不可替代的作用。

（三）班主任是班级的灵魂

班主任是一班之主任，他从新生入学到毕业都在带班，可谓是，与学生千日相连、朝夕相处，毕业后仍会保持十分密切的联系。学校有什么任务乃至通知都通过班主任传达或安排；党组织要吸收学生入党，不管班主任是不是党员，也要听听班主任的意见；至于评选考核、推优评奖，与班主任更有直接的关联。人们在列举学生情况时，往往都说是哪个班的，甚至是哪个人(指班主任)的。毕业后回校或遇见校友，都会问或答我是哪个人(指班主任)班上的，或者称班主任是谁。一般地说，在专科、本科阶段，只有当过班主任的教师才会理直气壮地说"某某是我的学生"，相当于硕士和博士阶段的导师和研究生之间的关系。由于班主任与班级学生联系的广泛性、密切性、频繁性和长期性，使得班主任对学生的影响非常直接、非常广泛乃至非常深刻，一定意义上讲，班主任是班级的灵魂。

（四）从事班主任工作可提升教师能力，促进教书育人工作

教师担任班主任，一是可以促进教师进一步深入学生和了解学生，更好地把握学生的需求和特点，为更好地开展教学活动打下良好的基础；二是可以提高教师的组织管理、沟通交流和处理复杂问题的能力，让他们积累丰富的学生工作经验，促进理论知识与具体实践的相互促进融合，全面提高教师的自身能力和综合素质。三是可以将教书和育人工作有效结合。早在20世纪前半叶，伟大的人民教育家陶行知先生就十分明确地提出他的主张："学校是施教育的地方，教员负施教育的责任。""先生不应该专教书，他的责任是教人做人。"可见，教书育人是教师的天职，是教育工作应有之义。高校班主任制将教书和育人的两大职能有机结合，体现了教师天职的要求。

以上各方面的现实需求奠定了班主任在高校系统中的地位，也充分体现了班主任在育人工作中的特殊地位。

二、高等院校班主任的角色定位

班主任作为开展大学生思想政治教育的骨干力量以及大学生健康成长的指导者和引路人，在工作中扮演着多重角色，发挥着多种不同的职能，从多方面体现着班主任对学生成长成才的重要价值。

（一）班级工作的组织管理者

班主任作为班级事务的第一责任人和主要管理者，全面负责所带班级的日常管理工作。从学生入学至毕业的期间，无数大大小小的事情都是在班主任的指导下，师生相互配合协作得以完成的。班主任如同掌舵手，在把学生输往顺利毕业和优质成长成才彼岸的过程中，在确保学生安全稳定的基础上，既要把握好班级的前进方向，又要善于处理协调班

级工作的具体事宜。学生的思想政治教育、班风班纪教育、评奖评优、学生干部队伍建设等各项工作都与班主任日常工作密切相关，因此，班主任的重要任务之一是担当好班级工作的组织管理者，从宏观上掌控，从全局上把握，从细微处着手班级的各种事务，充分调动学生的主动性和积极性，营造积极向上的班风学风，营造良好的学习成长环境。

（二）学生成长路上的指导者

高等教育是一种以培养适应未来社会的具有较高思想道德素质和科学文化素质的准职业人的教育，其在人才培养目标、办学理念、教育模式、教学方式等各方面都与中学教育存在着较大的区别。新生由于缺乏对大学的正确认识和深入了解，面对全新的高校生活往往表现出对新环境的不适应与对个人发展方向的迷茫困惑。部分学生存在着不自信心理和对目前所学专业茫然和不认可的心态。同时，处在不同阶段和不同专业的学生会面临各自不同的问题，这些问题与学生的日常生活、学习发展以及自身利益息息相关，若不能及时有效地处理，将会对学生的成长成才带来或多或少的影响。因此，班主任对于学生成长过程中遇到的种种困惑给予指导和帮助就显得尤为重要，班主任的重要角色之一便是做好学生成长路上的指导者和引路人。

（三）人生观和价值观的引导者

班主任是青年学生道德品质的塑造者和人生观、价值观的引导者。大学期间是学生的道德修养、理想信念、人生观和世界观形成奠定的重要时期，学生的价值取向和道德追求很大程度上取决于其所接受的学校教育和文化熏陶，而班主任是与学生接触最多、联系最紧密的教师，其思想观念和言行举止会在无形中对学生的思想观念产生潜移默化的影响。因此，班主任要做好学生人生观和价值观的引导者，以日常思想政治教育为契机，引导学生树立正确的世界观、人生观和价值观，教会学生在复杂多变的社会环境中坚定立场、坚持原则、坚守信念、明辨是非。

（四）班级活动的主导者

班主任是班级活动的策划者。班级重大活动的开展，离不开班主任的指导以及学生干部的配合执行。一个学期举办什么样的班级活动，如何举办活动，活动要达到的目的和效果是什么，需要班主任审核把关。其中的一些具体活动，还需要班主任提供指导，学生负责具体事务的执行落实，双方相互配合，才能顺利有序地开展下去。例如，主题班会的开展，需要班主任围绕当前的中心工作并结合本班学生的实际特点进行组织策划，并以此逐步教会学生处理问题的思路和方法。

（五）学生的良师益友

和谐良好的师生关系应是一种亦师亦友的关系。作为班主任，除了需要以师长的身份引导教育学生，也应该以朋友的身份深入到学生中间，赢得学生的信任与喜爱。这也就是班主任既要在学生中树立威信，履行传道授业解惑的职责使命，关心关爱学生的成长成才，尽己所能为学生的发展和需要提供指导和帮助。同时，班主任又要与学生打成一片，俯下身子以朋友的身份拉近与学生的距离，增进师生之间的情谊，倾听学生的真实心声，敞开胸襟接受学生提出来的意见和建议。除此之外，班主任还要积极发扬民主精神，抛弃师生之间呈二元对立的管理与被管理的观念，淡化师长身份，与学生平等对话、亲切交流，形成亦师亦友的良好师生关系。

三、高等院校班主任应具备的素质

高等院校班主任身处学生工作第一线，是学生从学校到社会过渡的导航人，扮演着多面角色以及承担着来自多方面的工作，应具备良好的综合素质。

（一）思想政治素质

班主任是高等院校思想政治教育工作队伍中的重要组成部分，是开展大学生思想政治教育的骨干力量。班主任的思想政治素质主要包括三个方面：一是自身的政治理论水平。班主任应当具有较高的政治理论水平和马克思主义理论基础，及时学习党和国家的最新路线方针政策，以自己理论知识和文化修养去影响学生。二是积极进取的精神。政治理论水平的高低并不能代表思想觉悟的高低，关键在于理论学习之后通过自身的思考将理论上升为行动的指南，使理论真正成为推动实践和提高业务的动力，并以积极进取的精神感染带动学生成长。三是自身的道德修养和师德师风。学高为师，身正为范，作为一名高等院的校班主任，在教育学生、管理学生和服务学生的过程中，如果具有良好的道德修养和师德师风，具有明确的善恶是非观念，那么他在做学生思想政治教育工作时，就可以通过身教的力量做好学生的思想政治教育工作。

（二）业务素质

班主任工作是一项十分讲究工作方法和技巧的综合性工作。班主任在实际工作中会面临多种问题，面对班级可能发生的事情，需要班主任具备扎实的业务水平，拥有丰富的知识储备，并且善于灵活运用知识。因此，班主任业务素质的提升对于提高班级管理的成效具有重要的作用。首先，班主任需要加强业务学习，不断通过日常学习充实完善自身的知识结构，掌握与学生教育管理工作相关的教育学、管理学、心理学、思想政治教育原理与方法等多方面的知识，了解与学生管理相关的各种规章制度和实施办法，研究当代大学生的心理特点和成长规律，加深对班级管理和思想政治教育的理解与把握。其次，班主任应当主动学习、了解与自己所带班级学生专业相关的基础知识，从而更有针对性地对学生开展专业方面的指导，增进与学生之间的沟通交流。通过系统地了解教育目的和教育原则、教育过程和教育方法，科学地调控教育环境，合理利用各种教育资源，把握学生的最新动态，达到最佳的教育效果。

（三）心理素质

班主任工作对于学生的成长成才起着重要的影响作用，这要求班主任首先必须具备强烈的事业心和责任心，对学生工作怀有高度的热情和主动负责的精神，用爱心、关心、耐心和细心把班主任工作当作一项崇高的事业来对待和追求。其次，班主任应具备良好的心理素质。心理素质较好的人，面对各种问题能处乱不惊，通过自己敏锐的观察和客观的推断找到问题的关键所在并采取正确的方法予以解决。具有必要的心理健康知识的人，可以及时发现并有效化解学生的心理冲突，可以合理利用校内外资源做好学生的心理健康教育，培育心智健康的学生。除此之外，拥有年轻健康心态的班主任也更容易和学生相处，更容易成为学生的知心朋友，从而更好地开展学生工作。

四、高等院校班主任队伍结构

按照系统论的观点，一个系统能否产生较强的功能，取决于两个基本的因素：一是构成系统的要素质量；二是系统要素之间的组合联系方式，即系统的结构。高等院校要根据实际工作需要，对班主任工作队伍进行科学的结构配置。其中，一支结构合理的班主任队伍主要体现在以下几方面。

（一）年龄结构

年龄结构主要是指班主任队伍人员结构中，不同年龄人员的比例构成和相互关系。年龄是一个衡量个体成熟程度的重要特征量，不同年龄的群体在身心特点、性格气质和思维方式等方面都有较大的差异，不同年龄的教师具有不同的优势，以及教育和管理学生所运用的方法与手段也不尽相同，因而它是班主任队伍人员结构中的一个重要因素。因此，在加强高校班主任队伍建设中，我们应考虑把不同年龄段的教师吸纳进来，全面覆盖到"老马识途"的老年教师、"中流砥柱"的中年教师、"生机勃勃"的青年教师，使不同年龄阶段人员的优势互补，从而构成一个老、中、青相结合的比例均衡的综合体，并使此结构处于不断发展的动态平衡中。

（二）知识结构

知识结构主要是指班主任队伍中具有不同知识水平和知识结构的人员的比例构成和相互关系。从知识水平来看，高等院校教师的知识有多少之分和深浅之别，学历层次涉及从本科到博士各个层次，并且教师的教学和科研水平也有着显著的差异。从知识结构来看，高等院校各系部教师的专业五花八门，跨度较大，涵盖了学校所有的学科门类，每位教师所擅长的具体研究方向不尽相同。因此，要打造一支拥有合理知识结构的高等院校班主任队伍，必须将不同知识水平和知识结构的人员编排进来，结合每名教师的特点和长项，分别担任不同年级和不同专业的班主任，并且尽量保证班主任所学的专业与所带班级学生的专业相同或相近，以便更好地对学生开展学业和专业指导。另外，在知识水平方面，应当由初级、中级、高级职称的人按一定的比例构成，一方面鼓励知识水平相对较弱的年轻教师积极投入学生管理工作，另一方面也可以充分发挥中高级职称教师对年轻教师的引领和带动作用。

（三）能力结构

能力结构主要是指班主任队伍中，具有不同工作能力人员的比例构成和相互关系。每名教师所擅长的能力各有不同。班主任能力主要包括专业能力和个人特长两方面，其中个人特长包括演讲表达能力、动手实践能力、社会调研能力、写作表达、组织策划能力等各种具体的能力水平。专业能力和个人特长分别对于帮助学生进行学业指导和发展学生的综合素质具有重要的作用。例如，可以安排动手实践能力较强的教师担任工科专业类教学工作，指导学生开展各类电子机械类作品制作；安排喜好计算机的教师担任信息技术类专业班主任工作；安排有丰富社会实践和推销经历的教师担任市场营销类专业班主任工作。通过对不同能力结构的人员进行合理的配置，形成能够发挥最佳效能的有机整体。

（四）性别结构

性别结构主要是指班主任队伍中，不同性别的人员的比例构成和相互关系。思想政治教育工作对象的性别差异，要求思想政治教育工作队伍必须有合理的性别结构。在不同的情况下，应有不同的男女比例组合。例如，对于女生较多的班级，应侧重于选择女教师担任班主任工作，以便班主任能以过来人的身份设身处地地感受女生的一些真实想法，同时这也方便班主任进寝室了解学生的生活情况。但是，性别结构并不意味着男女师生必须一一对应，有时候也要考虑到性别的互补，在性别比例较为失调的情况下选择异性教师能弥补某一方面较弱带来的缺陷，有时反而会给班级带来意想不到的效果。总之，性别结构应在总体平衡的情况下，视具体情况进行调整和配置。

五、高等院校班主任队伍建设的原则

教育以育人为本、以学生为主体，办学以人才为本、以教师为主体。而班主任是教师队伍的中坚力量，是学生思想政治教育的主要力量，需要以正确的理念和方法加强高等院校班主任队伍建设,以确保班主任人才层出不穷,活力永驻。

(一)人尽其才,优化配置

建设一支思想素质好、业务水平高、综合素质强的高等院校班主任队伍,关键在于对教师进行人才资源开发,对学校教职工的知识、能力和素质进行综合测定,科学合理地开发组织和使用,持续不断地增强学校员工的能力,形成群体合力,提高学校整体效能的管理活动。首先,学校要帮助教师对自己进行正确的认识和全面的评估,包括对自身的条件、兴趣、爱好、优缺点、能力和追求的认识或评价,认清自己的脾气秉性、优势才干。其次,学校要注重战略性和整体性,谋求人与事、人与人之间的相互适配,充分发挥教师的潜能和作用,帮助他们制订职业发展规划。再次,学校在对教师职业生涯设计评价的基础上,提供职业发展的信息和职业咨询,制定开发策略,使教师和工作岗位实现良好的匹配。

(二)统筹兼顾,合理引导

高等院校班主任队伍建设是一项系统工程,不仅要考虑到队伍中人员的数量和质量,还要考虑到队伍的结构性问题以及个体与整体之间的关系,个体与岗位的匹配程度,等等。因此,高等院校进行班主任队伍建设时,应当秉承统筹兼顾、合理引导的原则,从宏观上掌控,从全局上把握,打造一支结构合理的班主任队伍。在进行队伍的整体设计时,要将设计的出发点和目的告诉班主任,争取每一名个体成员的积极配合,避免因沟通不畅引起不必要的误会。同时,要加强对班主任的合理引导教育,帮助班主任树立大局意识,让其充分发挥自身的主观能动性,自觉地与学院的总体要求保持一致。

(三)公平公正,科学考核

为了充分调动班主任工作的主动性和积极性,应制定高等院校班主任工作条例,进一步明确其工作职责和工作要求。应本着公平公正、奖惩分明的原则,建立科学完善的考评机制,对班主任的工作表现和工作业绩进行客观的评价。考核要坚持定量考核与定性考核相结合。定量是定性的基础和前提,没有一定的工作量的付出,不可能会有工作性质上明显的绩效的提高。定性评价是对一个阶段或者一个年度的工作情况给出一个结果。将定量考核和定性考核结合起来,保障了考核的客观性与科学性。要将考核结果与职称职务聘任、奖惩、晋升等物资和精神奖励挂钩。要完善班主任评优奖励制度,将优秀班主任表彰奖励纳入各级教师、教育工作者表彰奖励体系中,按一定比例评选,统一表彰。要树立一批班主任先进典型,宣传他们的先进事迹,充分肯定班主任在学生思想政治教育中的贡献,并从物质层面、精神层面和个人发展等多方面对优秀班主任给予大力支持。对于工作不称职的班主任要进行批评教育,仍无改进的应调离工作岗位。通过建立完善班主任工作考评机制，充分调动班主任工作的积极主动性，促进班主任队伍建设朝着规范化、有序化和竞争化的方向发展。

六、高等院校班主任工作的特征与重点

（一）大一阶段是帮助学生尽快适应新环境的重要阶段

努力实现从中学到大学的平稳过渡，调整个人认知和心态情绪，使学生能更好地融入大学生活。班主任要注重对大一学生进行学习习惯养成和学业生涯谋划的指导工作。大学与中学的教育管理模式截然不同，而许多学生对大学的认识是非常片面和浅薄的，同时他们也缺乏相应的思想和心理准备，当面临完全不同的大学生活时，他们往往会变得手足无措和迷茫困惑。另外，一些学生在高中时期习惯了一切以高考为中心的学习生活模式，而上大学后由于失去了曾经奋斗的目标，不知道自己努力的方向，从而产生了强烈的无所适从感。这时，班主任需要及时帮助新生调整个人认知和心态，树立新的奋斗目标，指导他们开展以职业为导向的学业生涯规划，让他们尽快找到自己的兴趣点和未来的发展方向。

（二）大二、大三阶段是学生进行知识积累和能力提升的关键时期

在学生逐步适应大学的生活，养成大学的学习习惯之后，就进入了专业知识的学习生活。班主任在这一阶段的工作重点是对学生进行职业能力培养、职业操守养成和职业素质提升。在此阶段，知识传授和技能培养的工作主要是由专业教师担任，班主任应主动与之沟通做好专业教育。而一些班主任往往也是专业教师，更应当将专业教育与日常学生管理巧妙地融合在一起，实现班主任与专业教师双重角色的有机统一，促进学生专业知识和职业素质的提升。

（三）大四阶段是学生逐步走出学校进入社会成为一名准职业人的重要阶段

经过前三年的学习、积累和准备，大四时许多学生将踏上实习岗位开始全新的生活。这一阶段班主任的工作重心在于加强对学生的就业与创业指导，做好学生毕业实习的教育管理工作。大四伊始，班主任就应当帮助学生树立正确的就业和择业观念，根据自身的条件和兴趣爱好明确自己的就业目标和求职意向，并不断调整修正和完善。班主任应当对学生进行就业政策宣讲、求职与就业技巧指导，使学生有充足的准备和充分的把握去应对求职就业，提高学生的就业成功率。这一阶段需要班主任紧紧围绕促进学生就业这一中心目标投入大量的时间和精力对学生进行就业指导。同时，班主任应做好学生毕业实习的教育管理工作。通过现场走访，通过电话、QQ、短信、微信等方式进行联系，及时了解学生

的实习状况并做好安全防范教育，做好思想、心理上的教育和引导工作，使之适应实习生活，为其进入社会做好心理和思想的准备。

七、加强高等院校班主任队伍建设的思考和建议

应该说，纵然有诸多原因影响教师担任班主任工作，但班主任工作的重要性是显而易见的，班主任队伍建设更是一项紧迫而系统的工程，必须予以加强。

（一）从指导思想上重视班主任队伍建设

对辅导员队伍建设，中央有明确要求，也有明确考核机制，而班主任工作主要靠学校自觉。正因为这样，各校党委必须从加强和改进大学生思想政治工作，从切实推进全程、全方位、全方面育人的高度认识问题，从培养社会主义现代化建设优秀接班人和合格接班人角度认识问题，从学校校友队伍建设、品牌建设和可持续发展高度认识问题。

从教师角度来看，应该认识到，育人是人民教师的崇高职责，承担班主任工作是教师应尽的义务；做班主任工作也是一种锻炼，一种经历，是人生的宝贵财富，也是教师特有的人生体验，意义重大，他人还无法替代；有机会带班做班主任工作，也是人生一大本事，更是能力和水平的展示，培养一批优秀的学生，终身受益，一生荣耀。

（二）认真做好班主任队伍的选聘配备工作

做好高等院校班主任的选聘配备工作，是加强班主任队伍建设的首要基础。高等院校要根据实际工作需要，科学合理地配备足够数量的班主任，为每个班级都配备一名班主任。高等院校在选拔班主任时，应在学校党委的统一领导下，在学生处及各院系的具体组织下，采取组织推荐和公开招聘相结合的方式进行选拔。

在保证数量充足的基础上，要倡导和选择高层次人员担任班主任工作。从职业道德与职业技能相结合，专业知识与能力培养相结合的角度认识班主任工作，必须倡导和要求下列人员担任班主任工作；一是专业主任承担班主任工作。专业主任是本专业教学培养的主要设计者，也是连接人才培养与行业企业的主要活动者，教学方案的主要实施者，如果能够担任班主任工作，不仅能收到业务和素质双重功效，校内和校外双重效能，而且也有利于带领更多的教师参与到教书育人的工作中来，从而提高整体育人水平和质量。二是高职称专业教师承担班主任工作。高职称专业教师学识渊博，基础扎实，容易受到人们的尊重，也容易影响和教育学生。最近浙江大学出现的院士当班主任效应就能很好地说明了问题，如能发挥高职称学术带头人作用，则班主任工作也会收到事半功倍的成效。三是高学历教师承担班主任工作。高学历教师见多识广，资源丰富，往往也受学生崇拜和尊重，让这些教师担任班主任工作，既会得到学生的喜爱，也有利于引导学生走上爱学习、爱钻

研、爱知识的好轨道，必然有利于学风建设。

（三）大力加强班主任队伍的培养培训工作

加强高等院校班主任队伍的培养培训工作，是提高班主任工作能力和水平的关键。各地教育部门和高等院校要制订详细的班主任培训计划，建立分层次、多形式的培训体系，做到先培训后上岗，坚持日常培训和专题培训相结合。其中，要重点组织班主任系统学习一系列党的理论成果，了解掌握党和国家的大政方针政策，学习管理学、教育学、社会学和心理学等相关学科理论知识，以及大学生学业与职业生涯规划、就业与创业指导、学生事务管理、心理健康教育等方面的知识。同时，要适时安排班主任进行脱产、半脱产或在职培训进修。通过定期输送一批班主任参加业务培训学习、社会实践和学习考察，不断提高班主任的思想政治素质和业务素质，使其开阔视野、拓展思路、提高解决实际问题的能力，增长做好思想政治教育工作的才干。

（四）合理划分班主任和辅导员的职责

辅导员、班主任是高等学校教师队伍的重要组成部分，是高等学校从事德育工作、开展大学生思想政治教育的骨干力量，是大学生健康成长的指导者和引路人。可见班主任和辅导员的地位、性质和作用有着基本的共同点。

尽管如此，他们具体的职责还是不同的。辅导员按照党委的部署有针对性地开展思想政治教育活动，班主任负有在思想、学习和生活等方面指导学生的职责。由此可以看出，班主任和辅导员在工作内容以及工作对象上是不同的。从工作内容来看，辅导员从宏观的角度统筹和兼顾学生的文化、社会活动的组织开展，集中开展学生政治理论学习活动，加强学生的理想信念教育。班主任则侧重于学生教育管理的更加细致和深入，对个别学生的思想问题要给予引导和疏通。从工作对象来看，辅导员负责一个年级学生的思想政治教育工作，而班主任则负责一个教学班级学生的日常管理和思想政治教育。班主任与辅导员之间的关系应当是点和面的关系，班主任工作则是对辅导员工作的有益补充。从组织领导来看，他们都在高校院系党组织领导下，独立地从事学生的教育培养工作，是两个平等的教育主体，不存在一方领导和管理另一方的问题，共同对院系党组织负责。当然，在实际工作中，无论是辅导员还是班主任都应当主动和另一方通气，通报学生工作情况，相互支持和配合，这样才能做好学生的各项教育培养工作，才能避免因辅导员与班主任角色错位产生弱化班主任工作的现象。

（五）切实为班主任工作和发展创造条件和提供保障

制定促进班主任工作和发展的制度政策，是加强班主任队伍建设的重要保障。要切实为班主任的工作和发展提供资源和有利条件，加强对班主任的物质保障和人文关怀，解决好与班主任切身利益相关的问题。具体而言，一是计入教育教学工作量。建议把教师工作量统称为教育教学工作量，担任班主任就是直接的育人，应该占据一个教师四分之一左右的工作量，据此作为考核依据。二是提高报酬和待遇。按照一个班主任带两个平行班相当于四分之一工作量的标准，建立相应的报酬和补贴制度，使其达到应有的报酬水平。三是建立奖励机制。除了每年开展优秀班主任评比，并对优秀班主任进行奖励以外，还要采取更加优厚的措施，如提高奖励标准，必要时可尝试学术或调休制度，即带好三年一届班主任后，可以让教师享受半年学术假或实践假，以鼓励班主任工作。四是完善提拔晋升机制。对班主任工作做得好的教师可以在晋升专业技术职务、提升行政级别等方面予以倾斜，对长期担任班主任工作成效显著的教师可特设岗位给予倾斜。

总之，我们在政策上要崇尚担任班主任光荣，在物质上要给班主任尝甜头，在机制上要让班主任有盼头。

第三章 高校师资管理及优化

第一节 高校师资管理体系及方法

一、建立适应现代师资管理的新模式

随着知识经济的发展，高校的功能发生了显著变化，从人才培养作为主要功能向人才培养、科学研究和社会服务三大基本功能转化，这就给师资管理提出了新的要求，教师面临的职业冲突促使师资管理必须进行改革。高校建立适应知识经济的现代师资管理新模式，是指在对教师资源的取得、开发、利用和保持等方面，进行计划、组织、指挥和控制，使人力、物力保持最佳比例，以充分发挥教师的潜力，提高工作效率，实现学校目标的管理活动。其基本任务是根据学校发展战略的要求，通过有计划地引进人才、选留人才、培养人才、挖掘人才，并对人才资源进行合理配置，搞好现有师资的培训和智力资源开发，采取各种措施，激发广大教师的积极性，促进学校办学效益的提高。高等教育大众化的快速到来对我国的高校来说既是一次大发展的机遇，同时也是一次非常严峻的挑战。

高校作为培养高层次人才的摇篮，在当今的教育创新体系中处于时代的前沿，发挥着极其重要的作用。办好高等教育，教师是主体，师资管理是关键。高校教师资源是高校教育资源中的第一资源，它是活的资源、能动的资源。21世纪是知识经济的时代，高素质的教师资源在社会生活中的作用日益显著。因此，如何以新的理念、新的思路和新的机制促进高校师资队伍建设，建立适应知识经济的现代知识管理新模式，已成为目前高校迫切需要解决的重要课题。

二、高校师资管理的目标、途径及方法

管理方法是管理的重要手段，管理方法的科学与否直接影响着管理的成效。高校师资队伍主要是进行"知识"相关工作，要对高校师资队伍进行管理，必须抓住"知识"本质。

（一）高校师资队伍管理的目标

1. 以建设一流师资队伍为关键目标

高校是培养高级专门人才的学府，教师队伍是高校教学、科研活动的主体，要办好高校就必须依靠广大教师开展教学、科研工作来实现。因此，在高等教育中，首要的条件是必须建立一支高水平、高质量的教师队伍。因为教师的工作直接关系到教育目标的实现，也直接关系到教育任务的落实，教师的知识传播是学生智育能力形成的主要渠道，它的作用超过了其他任何形式的教育，教师在思想品德、工作作风、认识问题、分析问题能力等方面直接感染着学生，塑造着学生，对学生人生价值观和世界观的形成有着特殊的影响。教师的知识创新能力关系到创新人才培养的质量和国家的科技竞争力。

一流师资队伍是培养一流人才的根本保证，在高校的建设与管理工作中，必须以建设一流师资队伍为关键目标。尤其是重点大学，应形成一流的学术梯队、集聚一流的科研力量。国内外一流大学的形成和发展史表明，师资是高校最重要的办学资源，是其一流地位赖以建立、维持、巩固的基础和关键，师资水平在很大程度上反映学校的水平，只有建设一流水平的师资队伍才能建设高水平的大学。因此，国内外有远见的教育家和世界一流大学都把建设一流的师资队伍作为办学的第一要务。一流的教师队伍必须是整体素质优秀、政治素质可靠、业务素质精良、创新能力和知识水平突出的队伍。

2. 以造就一流大师为师资队伍建设的必要目标

没有一流的大师级的优秀教师，就称不上一支一流的教师队伍。因此，高校在师资队伍建设上，必须以培养、造就或聘请一流的大师级优秀人才充当带头人作为师资队伍建设的必要目标。

3. 以形成合理的师资结构为重要目标

高校师资队伍的职称结构、学历结构、年龄结构、学缘结构和知识结构是否合理，不仅直接影响高等教育的教学质量和水平，而且影响高等教育的长远发展。

师资结构合理与否影响着高校师资队伍建设的水平。因此，高校应认真制定师资结构目标，建立与保持一支最佳结构状态和充满内在活力的高水平专兼职教师队伍，对教师队伍的学历、职称、学缘、年龄、知识与能级等结构进行适时的、必要的调整，不断加强和改善对大学人力资源的科学化管理，建设一支数量适当、结构合理、业务精良、高效精干的教师队伍。

以上三个目标系统地构成了师资队伍建设的总目标，即高校的师资队伍应当建设成一个以优秀的一流大师作为学术带头人，学历、职称、学缘、年龄和学科专业知识结构合理的、整体素质优秀的一流师资队伍。

（二）高校师资队伍管理的途径

1. 建立培养、造就、吸引优秀教师的正确途径

优秀教师是高校的"根"和"本"，高校必须高度重视教师队伍建设，建立一条或多条培养、造就和吸引优秀教师的正确途径。然而，大量培养、发现、选拔、造就和吸引优秀教师不能单纯靠少数"伯乐"慧眼识人才的传统方式，而要靠制度、靠机制，伯乐相马总不如草原赛马，因此，要有一系列集体培养人才、公平竞争淘汰、择优选优用优的制度。高校应采取超常规办法，制定吸引优秀人才的政策，建立一条或多条吸引优秀人才的绿色通道，面向国内外多方吸纳优秀教师。同时必须与考核评价相结合，必须与本校的学科建设和专业建设相结合，避免人才闲置和人才资源浪费。各高校应尽可能从其他高校，尤其是其他重点高校选拔优秀研究生充实教师队伍。青年教师上岗前要进行真正意义上的严格的岗前培训，上岗后要进行岗位练兵、在岗进修、轮岗全职学习等继续培养工作，要通过严格的考核、选拔，从中发现和培养、造就一批优秀教师。同时也要对教师规定职务岗位年限，在相应的职务岗位上超过一定的工作年限非升即走，以此来规避平庸。

2. 建立人才合理流动和教育资源重组的新渠道

各高校在对骨干教师采取稳定措施的同时，应建立一条或多条有利于人才合理流动和教育资源重组的新渠道，使高校教师能进能出，有进有出，合理流动。

实行聘任制是任用教师、管理教师的一种有效手段和形式，是高校人才流动的基础和前提。高校应从实际出发，根据学科建设以及教学、科研任务的需要，科学合理地设置教学、科研、管理等各级各类岗位，明确岗位职责、任职条件、权利义务和聘任期限，按照规定程序对各级各类岗位实行公开招聘、平等竞争和择优聘用。通过签订聘用（聘任）合同，确立受法律保护的人事关系。招聘范围要有国际视野，除聘用本校教师外，还可以通过研究生兼任助教、返聘高级专家学者以及面向国内外高校、企业和科研机构等社会部门招聘优秀人才担任专职或兼职教师等途径，拓宽教师来源渠道，实行开放式的教师管理办法。全面真正地实行聘任制，还有赖于对教师职务晋升办法的彻底改革。

（三）高校师资队伍管理的方法

1. 优化师资队伍结构、提高队伍整体素质的系统方法

在知识经济时代，知识更新速度显著加快，每位教师都面临着知识更新和不断提高知识水平的问题。教师素质和水平提高的问题需要有好的途径，更需要有好的方法。

我国高校教师队伍建设既有结构调整和优化问题，又有整体素质与水平提高的问题。二者互相关联，相互影响，师资队伍结构的调整要在提高整体素质的同时进行，整体素质

的真正提高有赖于队伍结构的优化。因为，师资队伍水平提高是一个全方位的要求，既包括青年教师水平的提高，又包括中老年专家、教授水平的提高；既包括教学水平的提高，又包括科研水平的提高；既包括知识更新速度的提高，又包括创造能力和创新水平的提高。

师资水平提高的主要方法有脱产进修提高法、进站（博士后流动站）工作提高法、在职自修提高法，国外留学访问提高法、社会实践提高法、实验室工作提高法、科研工作提高法和学术会议、学术交流提高法等。教师整体素质的提高应该是系统方法的综合运用，而不能仅仅依赖一两种方法。

以信息技术为背景的现代教育技术改变了教育的组织形式和方法，也改变了学生的学习方式与方法，使获取信息的渠道多元化。在这样的条件下，高校教师必须实现工作角色的转变与素质的系统提高。首先，要由教学型教师向研究型教师转变。在现代教育技术条件下，教师必须不断学习、研究和应用现代技术。其次，要由信息资源的利用者向课程信息的设计者和开发者转变。教师不仅要传达普通教材上的知识信息，而且要学习和掌握多媒体技术和网络技术，为学生自主学习设计开发各种教学课件。再次，要由教学者向学者和学习者转变，教师只有先做学习者，不断地更新知识、观念和提高职业道德修养，以学习者的态度不断丰富自己，才能使自己具有知识渊博的学者风范，也才可能成为具有创造性、开拓性和较高研究能力的教学者。

2. 引进师资队伍管理的先进理念与现代方法

我国高校应更新观念，树立"以教师为本，以专家教授为本中之本"的新理念，引进现代师资管理的科学理念与现代方法，变教师管理为知识管理，变人事管理为岗位管理，变档案管理为信息管理，变管理为建设，变控制为服务。同时，还要把国外现代企业制度中先进的人力资源管理的方法引进来，从考核、评聘到学术梯队建设与管理全部实行动态的、信息化的、科学的管理方法改革和完善各种管理制度，使师资管理随意性减少。通过管理和服务激励青年教师岗位成才，通过管理和服务提高师资的整体素质与水平。

高校办学的根本目的是培养高素质创造型人才，而培养高素质创造型人才又要依靠学术精湛、治学严谨的优秀教师。在所有的教育资源中，优秀教师是最重要的资源。以教师为本，本立而道生。高校教育、科研体制的改革，人事管理制度的改革，必须有利于高素质创造型优秀人才的培养，有利于学科建设，有利于学科的交叉、融合、渗透和新兴学科的生长与发展，有利于科学技术的发展和学术水平、创造能力的不断提高，有利于学校资源的优化配置。总之，以教师为本，就是要充分调动和发挥全体教师的积极性，激发他们的创造性，为学校的改革、发展和提高做出贡献。

3. 引入竞争机制，采取激励与淘汰相结合的管理方法

竞争与开放是市场经济的重要原则，也是当前我国高校师资队伍建设中必须引进的重

要机制。完善的市场经济制度为高等教育的竞争创造了社会经济和心理条件。

一是建立了完善的生产要素市场，包括人才、技术和资金市场，实现了教育劳务的商品化，为高校间的人才竞争提供了条件；二是商品经济的观念和对市场的思考已渗透到了社会的各个领域，为高等教育竞争机制的建立和有效运行提供了社会心理基础。

美国心理学家赫茨伯格通过调查研究提出了"双因素理论"。他认为，有两种因素影响着个人的行为动机：一是外部因素，称保障因素，如工作条件、人事关系、工资待遇.福利与安全等；二是内部因素，称激励因素，如工作责任感、成就感及由工作成绩而得到的公正评价等。赫茨伯格认为，保障因素起着预防职工产生不满情绪、保护积极性、维护工作状态的作用。激励因素对职工的行为动机起积极推动作用。双因素理论是从满足人的需要角度出发来研究对人的激励的。

这对师资管理有以下三点启示：

(1) 要使教师安心本职工作，必须不断改善保障因素，以满足其低层次需要

所谓低层次需要，是指生理需要、安全需要。生理需要是人类维持自身生存和发展的最基本的需要，安全需要是对生活需要的社会保障。

从目前来看，"职业安全需要"是教师低层次需要中的主导需要。要改善教师的保障因素，关键是满足教师职业安全的需要，提高教师待遇，吸引优秀人才向教育领域聚集。同时要创造和谐的人际关系、优越的环境，使个人生活条件逐步改善，提高学校行政管理水平和各项政策的合理性、公正性，降低教师对学校的不满意程度。教师只有具有职业的安全感，才会义无反顾地为实现学校的长远目标，踏踏实实地做好本职工作。

(2) 要使教师做出优异成绩，必须充分利用激励因素，以满足其高层次需要

保障因素只能满足低层次需要，激励因素才能促使职工的高层次需要得到满足，最大限度地调动职工的积极性。

所谓高层次需要，是指社交需要、审美需要、尊重需要、自我实现需要。真正激发教师工作积极性的因素是成就感、责任感，担负挑战性工作，个人的发展前途和晋升，这些则来自工作本身。所以高层次需要的满足，会提高自身价值，增强个人自信心和归属感，成为能持久起作用的推动力。

成就感——为教师创造取得成就的工作条件，使他们不断取得新的成就。强烈的成就欲是提高教师工作积极性的重要因素，当教师取得成就后，应以各种方式予以表彰，激发教师创造力，做出更大成绩。

责任感——不断赋予教师更大的责任。

挑战性工作——工作分配要与人的能力相匹配，工作难度稍高于个人的能力，使个人付出努力后可以圆满完成，同时个人得到成长、发展，并可能获得晋升的机会。

(3) 应用"公平理论"，营造良好的心理环境

人们通常要将自己的投入和所得报酬的比值与一个和自己条件大体相当的人的投入和所得报酬的比值进行比较，如果两者相等，则有公平感；如果不相等，则有不公平感。由

此可见，一个人的工作积极性在很大程度上受社会比较过程的影响。在把公平理论应用于师资管理的过程中，最重要的是要消除教师的不公平感，以免挫伤他们的积极性。将公平理论应用于师资管理，应注意以下几点：

①绩效与奖励挂钩，公平奖励教师

首先，要坚持绩效与奖励挂钩，多劳多得、优劳优酬的原则。制定方针政策要做到奖勤罚懒，使广大教师感到所得与付出相适应。其次，要合理处理提职、晋级、进修、评优、提薪等与广大教师切身利益和需要密切相关的问题。最后，，按照劳动的复杂程度和贡献大小，合理拉开差距，不搞平均主义，以免挫伤一部分优秀人才的积极性。

②量化奖酬标准，科学激励教师

合理的奖酬要以公正科学的评价为基础。要使奖酬达到激励的效果，各项奖酬的评价标准就必须建立在公平、科学、合理、准确的基础上。要不断完善制度建设，形成规范，并严格执行，这样将有利于消除不公平感。

③实行"高薪聘任，优劳优酬"的"年薪制"激励机制

全面实行按需设岗，以岗定薪，薪金随着聘期走，严格考核，以绩定奖。这样才能为实行多元聘用制提供薪金保证机制。

④大力推行事业激励机制

要大胆起用优秀中青年人才，在管理岗位上给舞台，在学科建设上给基地、给学科梯队自由组阁权，在学术领域上给空间，在重大项目上给予机会。

⑤强化利益驱动机制，确定以政府奖励为示范、各学校奖励为主体的原则

对有突出贡献的人才给予重奖。学校要结合政府的有关政策进行大强度的配套奖励，打破平均主义和"撒胡椒面"的做法。鼓励教师在校办产业和研究院所技术参股，实行按专利和知识产权等生产要素参与分配。

⑥建立和完善情感激励机制

让广大教师，特别是思维活跃的优秀中青年教师参与学校管理，以激发他们的责任感和主人翁意识，深入推进凝聚力工程，以凝聚人心。

4.克服误区，研究和创造新的师资队伍管理方法

(1) 克服师资队伍管理的误区

①克服重引进、轻培养的误区

高校有计划地从校外招聘优秀人才补充教师队伍，是十分必要的。高校领导及人事部门要克服误区，全面规划，统筹安排，既要照顾当前教学、科研的急需，又要看到长远的需要；既要注意引进人才，又要重视现有教师的培养工作。要根据本校师资队伍现状，制订出学校教师培养的中、长期计划。要健全和实施各种学习、进修、奖励等制度。要结合

每个教师的实际情况，有计划地通过在职进修、脱产学习、实践锻炼以及学术交流等使教师得到培训和提高。

②克服评聘不分、同酬不同工的误区

高校应加快用人制度的改革，依据"按需设岗、公平招聘、平等竞争、择优聘任"的原则，将职称评定与职务任用完全分离。在分配方面，要体现按劳分配、优劳优酬的原则。特别是在校内津贴部分、收入增量部分，要按岗位分配，按任务分配，按业绩分配，按贡献分配，做到岗位、任务、业绩、贡献面前人人平等。

③克服重科研、轻教学的误区

一些高校在处理教学与科研的关系上存在着重科研、轻教学的误区，在高校教师管理中主要体现在对教师的考核以及职称评定上。在考核中，教师的科研能力、科研成果所占的权重较大，因此那些教学业绩一般但科研成果较多的教师往往能在考核中获得好评，而那些把时间和精力较多地花在教学上、科研成果相对较少的教师，在考核中则处于不利的地位。而考核结果往往与奖金、晋升等联系在一起。在职称评定中，重科研、轻教学的倾向则更为严重。实际上，教学和科研之间不是对立的，而是互相联系、互相渗透、互相促进的，教学和科研相结合乃是高校的内在逻辑，不能厚此薄彼。

④克服重稳定、轻流动的误区

当前，高校要重视教师流动管理，推行教师聘任制改革，要将教师由"单位人"转变为社会人。在教育劳务市场上，学校按学科建设与发展需要招聘教师，教师按能力和意愿受聘于学校，学校对教师有聘任权、解聘权；教师对学校有受聘权、拒聘权。教师能进能出，使学校具有生机和活力，从而优化人力资源配置，发掘教师身上蕴藏着的巨大潜力。

（2）创造师资队伍管理的新方法

师资培养、梯队建设是师资队伍建设的传统内容和方法。在新世纪、新的历史条件下，为培养造就数以百万计的建设人才，必须加快高校师资队伍建设的步伐，培养、造就一支适应新形势需要的教师队伍。为实现这一目标，首先要突破传统的师资队伍建设的内容和方法，创造一系列超常规的加快师资队伍建设的新方法，如学科带头人组阁建设法、整体素质优化法、以聘代评法、师资水平量化考核法等。所谓学科带头人组阁建设法，就是由学科带头人和学校师资管理部门签约，在规定的时间内，使本学科的师资队伍建设达到某种水平。在本学科的师资队伍建设中，要明确学校承担什么责任和义务，学科带头人有哪些权利和义务。所谓整体素质优化法，就是由学校编制教师业务素质整体提高的规划和计划，由学校聘请在新学科、新知识研究方面处于前沿的专家来为教师授课。同时，各个学科还要分别制订青年教师上示范课、观摩课和演讲课等计划，来提高青年教师的授课水平。加大高层次人才尤其是学科带头人、重大项目负责人的培养和引进，面向海内外公开招聘优秀拔尖人才，在新兴学科领域上尝试团队引进和招标引进的方式。实施多元化的人员聘用办法，多渠道吸引学科带头人。

（四）高校师资队伍知识管理的任务

以往对教师知识的管理所关注的是易于被转变为话语、被记录下来的和以手册和教科书等方式可以清晰表述的知识，将教师的知识管理仅仅理解为是对学校的图书资料的整理归类，这不符合现代知识管理观的要求，也不符合教师知识的个体性特征对知识管理的要求。当今社会进入知识社会，知识日益成为一个组织取得成功的核心推动力，在这样的背景下，组织所要面对的难题不再是怎样发现信息，而是如何管理信息，如何从众多的知识信息中清理出重要的知识，并创造性地加以利用，对高校师资队伍的管理，相当于对知识型组织的管理，所面对的知识管理问题既特殊又复杂。

1. 重视对教师的理论性显性知识进行整理、分类和条理化

教师的理论性显性知识包括学校和教师个人的藏书、著述、资料、文件等"硬件"。这是教师知识管理的基本任务，也是教师知识管理其他任务的基础。

2. 实现对教师知识的有效获取和积累

教师知识的动态性要求教师必须不断地去更新充实自己的知识，这就使得学校必须帮助和支持教师更新和充实自身的知识，以实现教师对知识的有效获取和积累。教师既要重视对既存的理论性显性知识的接受性学习，又要从外界环境中摄取准确、及时、有效的信息，包括查阅最新出版的相关书刊资料和互联网上发布的最新消息等，然后把所得到的初级信息加以筛选、梳理使之系统化、有序化。再结合自己在这方面已拥有的知识和经验做进一步的分析，使新旧知识自然地结合在一起。同时更要注意在学校文化环境下，在教学、科研实践中，在与学生及其他教师的交流中，建构自己的信息知识体系。

3. 实现教师显性知识和隐性知识的转化，借以创造知识和实现知识的有效增值

教师知识管理的核心任务是促进教师的知识创新，通过知识创新扩充学校的知识积累，促进教师的专业发展和学校的发展。而学校知识创新的实质就是显性知识和隐性知识之间相互作用而形成的知识的转化及其增值过程。显性知识和隐性知识可以通过四种方式转化：一是社会化，通过经验共享使个人的隐性知识转化为组织的隐性知识，得以使个体的隐性知识在组织内交流和分享；二是外在化，通过对话和反思，将隐性知识转化为显性知识，将意念转化为实在；三是联合化，通过沟通、扩散以及系统化将分离的显性知识聚合为系统和更为复杂的显性知识；四是内化，个体通过学习和体悟使公共显性知识转化为个体隐性知识。教师知识管理中知识的创造和增值正是通过这样一些方式实现的，积极促进这些转化的进行，有效地实现学校知识的创造和增值，正是教师知识管理的核心任务。

4. 促进教师知识的有效交流和分享，知识是通过交流、结合而发展的

科学总是在人类已经积累的知识基础上进一步发展的，这表明知识的生产需要跨时空的知识交流与结合；学生在学习显性知识的过程中发展了隐性知识，这表明显性知识与隐性知识的结合与交流产生了新的知识；在解决问题的过程中，科学技术知识与社会生产、生活知识的交流与结合导致了大量的产品与生产技术的发明，这表明显性知识与显性知识的交流与结合也促进了知识生产。总之，知识只有被人掌握，并且被人利用，才能产生新的知识。各种显性知识、隐性知识的交流与共享对知识生产十分重要。教师之间的共同协作是实现学校整体工作有效性的前提，而教师之间的知识交流与共享既是学校发展的前提，又是教师成长和学生成长的前提。积极促进和有效实现教师知识的交流和分享成为教师知识管理中不可或缺的任务。

（1）促进教师显性知识的交流与共享

发展信息网络，为显性知识的交流奠定了现代化的物质基础。由于有现代信息技术可资运用，显性知识管理比较便利，显性知识可以转化为信息，以图书资料、论文、研究报告、电子文件之类的形式储存在图书馆、数据库、信息库中，供人们检索、查阅和利用。借助信息网络将高校内外的大型图书馆、数据库、信息库联结起来，还可以远距离检索、查阅和利用信息化的显性知识。我国正在建设和发展的高等教育信息网就已经将许多高校的图书馆、资料室联结在一起，当高校教师都在网上拥有自己的终端时，大学内外、国内外的显性知识的交流与共享就有了现实的物质基础。

完善知识产品的权益分配制度，促进知识的发现、转化和传播。论文、专著、专利等是教师知识生产的重要产品。对尚处于保护期内的著作权、专利权等加以开发，往往会带来巨大的经济利益。这类发明创造具有潜在的商业用途，但其本身还不是商品。必须让使用者获得和使用，才能实现商品化、产业化，从而将潜在的商业价值转化为现实的商业价值。这类显性知识的交流与共享是在市场体制中实现的，有偿使用是基本原则，这就涉及发明者、资助者、院校及公司企业等诸方面的利益，只有在利益的分配对上述各方都具有激励作用时，才能顺利实现交流与共享。

（2）促进隐性知识的交流与共享

隐性知识在知识生产中是不可或缺的，但它难以编码的特点阻碍着交流与共享，可能成为知识生产的瓶颈。隐性知识能为高校的科研、教学和应用开发做出多大的贡献，取决于拥有隐性知识的学者、专家的意愿，取决于他们对与他人交流和共享知识的态度，取决于他们的工作积极性，取决于他们对高校的知识生产目标的认同程度。为了促进隐性知识的交流与共享，在大学管理中应重视人的因素，建立有效的管理方式，激励教师主动工作，对具有奉献精神并奉献了知识的教师给予合理的回报，由于知识生产是非标准化的、创造性的生产，对高校教师的工作最有评价能力的只能是高校教师。这就使从外部控制学者、专家的努力收不到预期的效果，这种外部控制失灵是由知识生产者与管理者在信息上的不对称所决定的。因而，有效的管理方式不是命令、规范、要求他们如何工作，而是激励他们主动工作。激励因素存在于体制、组织和文化中。大学要努力促进信息资料、图书资料和学术的共享和交流，保证教师能及时了解有关研究的最新进展和发展趋势；提供给教师先进的仪器设备、良好的生活条件等；在学校管理中，减少中间管理层，加强决策层与操作层之间的信息沟通，让教师在知识生产活动中有更大的发言权、决策权等。同时要营造良好的学术气氛，特别是要克服急功近利等习气，形成对研究工作执着、热忱并全心投入的气氛；克服在学术讨论中谁也不愿冒犯谁同时谁也不服谁的习俗，形成平心静气讨论学术问题的气氛等。

知识管理中很重要的一个任务是要识别学者、专家拥有哪些隐性知识以及这些隐性知识对学校的教学、科研、社会服务有何意义，并提高这些知识的交流水平和共享程度。以激励为原则的人事管理、师资管理可以提高教师们交流和共享知识的意愿，但知识管理还必须探索隐性知识交流的具体途径、方法、手段等。如面对面的交流、学术辩论会、课题讨论会、专家咨询会、研讨式教学辩论，师徒式的学习，信息网上的交流与咨询等，这些形式都能在一定程度上促进隐性知识的交流与共享。

三、基于知识的高校师资管理新方法

（一）知识输入管理

高校师资队伍要进行持续的知识更新，就需要进行知识输入管理。知识输入管理涉及如下方面。

1. 知识输入的目的

知识输入的目的是提高教师群体素质，促进师资队伍的知识更新。在大众化教育背景下，高校师资队伍本身是施教者的主体，在当今知识社会中应该具有足够的知识，而且能够及时更新知识，否则将丧失施教者的作用，被淘汰出局。

知识输入管理的途径包括：第一，图书馆是收藏人类知识遗产的场所，是展示最新知识成果的场所，也是进行教师知识管理的重要场所；第二，信息技术的飞速发展，信息高速公路的建立，使教师的知识储备和学习变得更为便捷、迅速；第三，各种形式的培训、学习和教师对自身教学实践的反思；第四，同事间的交流学习。

2. 知识输入的内容与方法

输入高校师资队伍中的知识既包括隐性知识，又包括显性知识。隐性知识输入的主要形式是引进人才。按照本单位学科布局和用人计划引进各层次人才，这些人才本身所具有的隐性知识自然就输入了高校师资队伍。隐性知识的引入，一方面要考虑各个学科的发展布局，另一方面必须考虑隐性知识本身的特点。隐性知识主要体现为无法明示化的个人所拥有的知识，具有不同隐性知识的人具有不同的能力，如科研能力、创新能力、分析能力、组织能力、解决问题能力、发现问题能力、实际动手能力等。因此，在引进人才时也需要把这些内容考虑进去，并且要尽量引进具有不同能力的人才，各种能力人才合理布局，不能只引进一种或少量几种能力的人才。

隐性知识输入的另一种形式就是开拓外部知识库，高校可以通过各种合作形式访问外部知识库，如将现有教师派到其他教学、科研单位进行交流访问或进修培训，或者邀请一些专家学者来本校交流访问、讲学或合作研究，增加教师的知识积累，提高教师的知识学习和更新能力。其中反思性学习是提高教师实践知识的重要方法，教师可以通过记反思笔记的形式，记录自己的教学心得和感悟，将教学实践与教学理论相互印证。反省实践与理论的差距或不一致的地方，或者对特定教育事件的处理做事后分析，不断提高自己的理论水平，借以发展更高层次的个人实践知识。

隐性知识输入的第三种形式是建立教师之间的协作学习机制，通过小组或团队的形式组织教师学习，在讨论、交流与协作的基础上，就某些教学事件进行共同探讨，以交流和共享彼此的观点和知识的共同性学习。这一方法对于扩大教师的知识面，提供教师对教育事件的相互交流和启发，以提高和分享对实践性知识的认识和理解都具有重要的意义。教师知识管理应注重建立协作学习的机制，以促使教师间的互相学习，不断提高教师的实践知识水平，以达到促进教师专业发展和不断提高学校教学质量的目的。

显性知识的输入可以脱离人进行。一是学校图书馆应该订购一些新的期刊、报纸和图书等。二是对学校现有的图书资料进行分类整理，教师个人也可以建立个人图书档案。利用自己喜欢的信息分类方法对自己的图书资料进行分类整理，以提高使用效率。三是建立教师个人的电子储存文件系统，教师个人可以利用计算机对自己收集到的零散的资料信息进行整理归类，分期分批地存放，建立自己的个人知识管理系统，便于及时查找使用。

（二）知识传播管理

高校师资队伍的一大任务或者说一大社会功能是知识传播，可以说知识传播是高校师资队伍的首要任务。我们有必要对高校师资队伍的知识传播进行系统管理，推进知识传播的顺利进行，形成有序、稳定、及时和新颖的知识流，促进知识传播的有效利用，获得知识传播的最佳效果。在大众化教育环境下，这种知识传播的范围更广，传播的知识更多样。对高校师资队伍知识传播进行管理，涉及如下几方面。

1. 知识传播的主体

高校师资队伍是知识传播的主体，这个主体应该满足如下条件才能够更好地进行知识传播。

（1）数量上应该达到一定要求

主要考虑"生师比"指标，大众化教育下的生师比应该比精英教育下的大很多。我国的现状是生师比过大，已经大于其他实现大众化教育国家的生师比。这样很难保证教学质量，很多学生得不到很好的指导，无法获得应该得到的隐性知识和显性知识。

(2) 质量上应该达到要求

高校教师应该具备基本的教师素质，才能教书育人。教师素质的提高主要包括两大方面：一是招聘教师时尽量选择素质高的人员；二是对在编教师进行在职培训。教师素质的高低决定着学生水平的高低，俗语说"名师出高徒"，要想培养出高水平的人才，首先要提高教师的素质。

(3) 教师结构布局应该合理

高校教师的结构布局非常重要，应该合理布局。主要包括如下几方面：

①学科分布合理

学校所有的专业都有适量的教师，不存在有专业无教师的情况。

②职称结构合理

每个教研室都有比例适当的高级、中级、初级教师，分别承担不同的教学科研任务。

③年龄分布合理

不同年龄阶段的教师具有不同的特点，合理的团队建设应该每个年龄段都有一定数量的教师。

④能力结构合理

教师个人的特长与特点不同，有的善于教学，有的善于科研，不同能力的教师都应该具备，然后按照"用其长、避其短"的原则合理分工。

(4) 专职和兼职相结合

高校师资队伍一方面要保持一定的专职教师，这部分人员终身属于本单位。本单位对这部分人员进行培养。这部分人员是本校的中坚力量。另一方面，高校师资队伍中还应该有一定数量的兼职教师，这是大众化教育下满足教师数量要求的通常做法。招聘部分兼职教师可以增加本校教师的数量，但不会过大增加学校的运营成本。另外，兼职教师往往带来一些新的本校教师没有的知识或特征，便于提高专职教师的素质；兼职制度的存在也会促使专职教师更努力地工作，努力提高自身素质。本校保持稳定的核心师资队伍是必要的，这部分教师才是本校的核心竞争力、本校的特殊之处。流动的师资队伍也是必要的，只有这样才能形成一种开放的大众化教学环境，增加本校与外界的联系，使本校这个知识泵在整个知识网络中与其他知识泵的联系更加广泛。

2. 知识传播的内容

高校中传播的知识主要是本学校所设置的各项课程，不同专业的具体课程内容不同这些知识主要属于显性知识。另外导师传播给研究生的知识还有隐性知识。要对知识传播的内容进行管理，主要应该考虑每个专业课程设置得是否合理，是否覆盖了这个专业所需要的基本的教学目标，所使用的教材是否最新，是否包括了最新的知识，各类知识间是否具备一定的联系，是否成体系。

在管理隐性知识的传播时，应该考虑学生与导师间的研讨时间、共同做项目时间、论文写作指导时间等。只有通过实际接触，才能够进行最有效的隐性知识的传播。

3. 知识传播的对象

高校知识传播的对象主要是各类接受高等教育的学生，包括成人、专科生、本科生、硕士生和博士生。加强对各类学生的管理，就能够很好地完成知识传播的任务。应该根据不同类型学生的特点进行管理。主要应该考虑学生如何能够更好地学习知识。本科生、成人、专科生教育主要是使其掌握必要的专业知识，所以以显性知识教育为主，主要学习各类课程，针对这部分学生，应该主要从课程上进行管理，包括选学课程数量、考试成绩、上课次数等；硕士生和博士生教育主要是培养学生发现问题、分析问题和解决问题的能力，所以应该以隐性知识教育为主。除了指定的一些专业课程外，学生自己还要广泛地进行阅读和自学许多其他知识，这个过程就是培养自己的能力，形成自己的隐性知识的过程。

4. 知识传播的途径

知识从高校师资队伍这个主体传播到各类学生这个对象需要经过一定的途径。要管理好知识的传播需要拓宽途径，并且要保证这些途径顺畅。主要的途径有两大类型：一是课堂教学；二是科学研究。要保证这两大途径顺畅才能够更好地进行知识传播。保障课堂教学顺畅主要应该考虑教室安排、时间安排以及其他条件的提供。保障科学研究的顺畅主要应该考虑科研环境、条件的提供。

另外，要拓宽知识传播的途径，针对显性知识，可以考虑多安排一些学术讲座、学术活动；针对隐性知识，可以考虑安排一些研究生和导师共同参加的活动，增加彼此之间的交流机会。

在大众化教育环境下，可以充分利用现代信息网络技术，采取网络化教学。通过网络传播知识是一种新的知识传播途径，但是这种方式主要传播的是显性知识，并且师生的活动教学很难实现。但是网络教学极大地扩展了知识传播的范围，适合大众化教育。

（三）知识创新管理

高校师资队伍的另一大任务是知识创新。高校师资队伍知识创新能力的高低直接影响高校本身的综合实力。重点名校师资队伍的知识创新能力都很强，能够产生很多科研成果。一个高校要想提高档次，在业内排名靠前，必须提高师资队伍的知识创新能力，特别是自主创新能力，开发和拥有自主知识产权技术，加强对知识创新的管理。对高校师资队伍知识创新进行管理，涉及如下几方面。

1. 知识创新的主体

高校师资队伍是知识创新的主体，要实现知识创新，高校师资队伍应该满足如下要求。

（1）保持一个稳定的科研团队

稳定的科研团队持续地在一个研究方向上进行科学研究，往往能够产生一系列有价值的新知识。流动的科研团队缺少知识积累，很难产生新知识。

（2）保持一个开放的科研团队

开放的科研团队能够接受新思想、接受新事物、接受新观念，这样才有可能产生新知识。封闭的科研团队无法接受新思想、新事物和新观念，所以也很难产生新知识。

（3）保持一个融洽的科研团队

融洽的科研团队中各个成员能够很好地配合工作，大家集思广益，相互促进，共同进行科学研究工作。这样才能增大知识创新的可能性。工作在一个关系融洽的工作环境中，人的心情舒畅，容易产生灵感，不会增加过多的不必要的麻烦。

（4）保持一个交流的科研团队

交流的科研团队中成员彼此之间有很好的学术沟通，大家经常一起讨论问题，共享自己的想法，给别人提出意见。实质性的交流增大了创新知识的可能。一个人的思想有时会局限在一定的范围内，适当的交流能够促使新思想、新知识的产生。

2. 知识创新的范围

高校师资队伍能够在很多方面进行知识创新。

（1）从学科领域来看

最容易有创新的领域是各个学科前沿的研究领域，传统的成熟的学科理论很难有新知识产生，但是也有可能在应用层取得创新。

（2）不同学科交叉领域容易有新知识产生

传统学科发展到一定程度，已经很成熟。不同学科的研究问题、解决问题的思路、方法不同，在学科交叉部分能够应用两个学科的思想和方法，往往能够产生新的思想、新的知识。

（3）知识创新的结果

在显性知识方面体现在发表的各种学术观点、理论和方法等上，这些创新成果可以显性化。在隐性知识方面体现在优秀人才的培养上，新的专家、学者的出现表明一定的特殊的隐性知识的产生。

（4）知识创新包括各种层次的知识创新

理论、方法、技术和应用层都会产生新的知识。

3. 增强自主创新能力

加强高校师资队伍知识创新管理，必须增强自主创新能力。增强自主创新能力是一项系统工程，应把原始创新、系统集成和引进消化吸收再创新结合起来。

(1) 改革高校科研体制

将高等学校及科学院系统的一部分科研机构，尤其是应用性强的科研所（室）搬到企业中去，或者与企业联合办科研所(室)。只有从体制改革着手，才能解决高校科研所(室)与企业、与市场脱节问题。实施"技术企业化、企业技术化"是推动经济发展、技术进步的捷径。世界上对经济起决定性作用的技术绝大多数来源于企业，应把高校的科研机构融合于企业之中，以企业为主体，以市场为导向，以提高企业自主创新能力为目标，既能充分调动高校科研力量，又能推动企业自主创新。

(2) 以人为本，创建特色鲜明的专业培养计划与课程体系

提高国家自主创新能力，有赖于大批创新拔尖人才。高校是培养人才的摇篮，要努力提高学生的创新精神和实践能力，为此，要把校内培养与校外培养相结合，要实施因材施教的原则，因人而异地制订教学计划、培养计划，让学生有学习的选择权。对尖子生要配备导师，个别指导并创造条件促进他们更快更好地成长。大学教育不能只在育分上下功夫，而要在育能上下功夫，要着力培养学生学习能力、思维能力、创新能力。高校不应把学生关在课堂上、校园里培养，要积极探索和实施高校与企业与社会联合培养大学生的模式。如引导、组织学生走向社会、走向企业，到社会、到企业中接触实践、接触课题。高年级学生、研究生应参加教师承担的课题或独立承担科研项目、攻关项目。我国每年有几百万大学生、几十万研究生要做毕业设计、毕业论文，但大多数内容空泛，脱离实际，应让他们到企业中、到实践中去选题，既发挥集体智慧在科技攻关、自主创新中的作用，又能从中得到锻炼，增强创新意识。大学生"挑战杯"即全国大学生课外学术科技作品竞赛，是培养创新人才的好途径。其特点是每个课题都来自实践，都是为了解决实际问题，应推广开来，在实践中提高他们的创新能力，又能为自主创新做出贡献。

(3) 改革高校教师考核评价制度

现行的高校考核评价制度不利于提高自主创新能力，上级机构评价学校主要看学术论文，学校评价教师也主要看学术论文，同样，许多学校也把教师的科研项目按国家级、省部级的标准折算成分数，把教师发表的论文按不同刊物折算成分数，并规定出总分最低线，不达标则不能继续聘任。因此有些教师完成了一项科研成果后，最关心鉴定的结论和论文发表，而不太关心成果的转化和开发。为此必须改变对高校、对教师的考核评价制度。高校教师中有的擅长教学、有的擅长科研、有的擅长开发，三者兼有、二者兼有的教师也大有人在，但多数教师侧重面不同。因此，对教师的评价、职称评定的标准应多元化，任何一方面成绩突出的都可评高级职称，尤其要鼓励教师到企业、到市场去选择科研课题、技术改造项目，鼓励教师把科研成果延续下去，转化为产品、产业，把专利实施下

去，转化为产品和产业，不要把论文数作为唯一标准，而要把经济效益、创新能力作为重要的评价标准。有些重大课题、重大攻关项目、科技开发项目并非在短期内能够完成，因此不能要求这些教师每年拿项目，每年出成果、出论文，相反，应从物质上、精神上鼓励他们坚持下去，不要急功近利，急于求成，这就必须制定新的教师考核评价制度。

(4) 创新师资队伍培养机制

建立一支高水平的教师队伍和高水平的学术创新团队，是提高创新能力的关键。高水平的师资队伍能为创新能力的提高提供强有力的人才支撑。当今世界，科学技术是综合国力竞争的决定性因素，自主创新是支撑一个国家崛起的筋骨。科技的灵魂在于创新，科技的活力在于改革，科技的根本在于人才。要大力培养和积极引进人才，做到人才辈出。引进优秀人才，特别重视从海外引进团队。重视学校现有人才的培养，特别重视培养中青年学术骨干。学校应建立长期稳定的人才培养机制，并努力为他们提供一个适宜的成长环境；强调尊重人才，人才自重，提倡竞争、和谐、有序、协作的学术氛围。

4. 知识创新在高校团队建设上的实践

为了出色地完成高等教育所肩负的重大历史使命，高等学校必须尽快培养和造就一批创新团队；通过创新团队的建设，高等学校可以在学科建设、教学科研工作中组织起团结协作、创新能力强、学术水平高的科研突击队和教学团队，从而承担国家级重大科研项目，做出创新性的科研成果和出版高质量的教材，培养教师之间团结合作、奋发向上的优良校风，凝聚队伍，培养一批有相当影响力的中青年学科带头人，使创新团队成为学校学科的支撑，成为重大项目的主要承担者、学术研究和科研成果的摇篮、培养人才的基地以及科研基地的使用和建设者。重视团队建设是进一步加强教师队伍建设、提高教学质量和研究水平的新举措。

通过若干年的建设，重点高校都形成了一大批可以承担重大科研项目、能做出标志性成果的创新协作团队，同时培养出了一批杰出的学术带头人和学术骨干，一定数量的具有国际水平的学科带头人和学术大师。

(1) 建立以绩效考核为核心的分配机制和以合同管理为特征的团队聘用机制

全面推行"以岗定薪、优劳优酬"的分配制度，对学科带头人实行在工资、津贴、奖励和福利待遇方面具有激励性的分配制度，积极探索来华工作和回国定居的专家的工资福利与社会保障制度，探索推动年薪制、协商工资制等多种工资制度；在"效益优先，兼顾公平；淡化身份，动态管理；支持创新、鼓励冒尖"的原则基础上，逐步建立适应团队建设和发展的"基本工资 + 岗位和任务津贴 + 业绩和贡献奖励"基本模式，以公平与效率相结合的工资福利分配机制，充分调动团队中每个成员的工作积极性、主动性和创造性。

为了始终保持团队的生机活力，促进竞争、激励和流动，应当建立和不断完善科学全面合理的符合创新团队特点的教学科研综合考核评价体系，要由关注过程管理向重视目标管理转变，将频繁的注重量的考核向以质量评价为核心的聘期考核转变，将对包含学科带头人在内的个体的考核向团队整体效益和成果的考核转变；考核期限、方式和指标应当有利于具有原创性的高质量、高水平的学术成果和高新技术产生，要关注团队所探索出的学科新方向、所建立的具有创新意识和水平的学科队伍，要重视原创性成果以及所解决的基础理论和国民经济重大问题，应当注重建立一个宽松的环境和宽容的体制以保护创新。

（2）探索一条有利于团队建设和发展的人事管理和资源及信息共享机制

鼓励和支持建立相关特区，赋予学科带头人（或其群体）在经费使用、人员聘用和聘任、薪酬确定等方面的自主权，克服现有校院系管理组织的弊端，打破影响组织团队的壁垒。现行的高校内部管理形态存在着影响团队建设的因素，要根据提出和承担重大科研项目、产生科技成果的需要，打破人才的单位所有制，淡化人才的行政隶属关系，反对学术机构行政化的做法，改变将人才固定到特定机构的做法，使学校内部的人力资源能够根据学科带头人组建团队的需要自由流动。鼓励高校按照培养优秀学科带头人、组织团队的需要积极推行内部组织形态的改革，通过系统的改革和资源的配置，催生一批跨学科、具有很强活力的学术团队。反对狭隘地理解学科建设的意义，拓宽学科建设的内涵，要将组织学术团队作为学科建设的最重要的内容和组织形态。鼓励团队自我发展，不断创新，创造一个开放的、民主的、自由的、高效的、灵活的团队自我管理体制，充分发挥团队的积极性和创造性，减少行政干预和不必要的行政管理。

（3）建立创新团队的示范性工程，鼓励学校根据各自的情况在可能取得重要突破的方向配置资源

建设若干创新团队，教育部在若干涉及国民经济发展的领域，涉及重要基础理论、重大工程的领域，根据高校的团队建设情况，选拔具有较强组织程度、提出并申请重要研究项目的团队，在人员经费方面给予必要的支持。重点资助知识结构合理、跨学科、以特聘教授为首的学术团队。高校要根据自身的优势和特色，在可能取得重大突破的方向，积极组织队伍，重点配置资源，努力形成若干具有承担重大课题研究能力、可能产生具有较大影响力成果、能够产生新的学科增长点、为基础理论和国民经济建设主战场解决重大问题的团队，并通过团队的建设培养一批具有优良学风、学术影响广泛和组织能力优秀的学科带头人和一大批学术骨干。

（4）创新团队

它是基础重大科学问题研究和面向应用的急需解决的重大技术问题研究的突击队，是创新性成果的源泉，是高层次人才培养的基地，是新兴交叉学科的生长点。创新团队要聚集一批优秀的科技人才，努力营造学术讨论热烈充分、观点见解激烈交锋、创新人才相互学习、激发创造力和攻关力的良好"生态环境"。创新团队应当有明确的专业特长和学科带头人，并拥有数名教育背景、工作经历和研究领域各异的主要研究骨干。

创新团队的模式应当是宽泛和多层次的,既有在实践中自然产生的在纵向领域不断扩展或深入的团队,又有应前沿科学研究需要而产生的通过重新组合相互协作的在横向的跨学科的新兴领域开拓的团队;既可能是"学术带头人+团队",又可能是"若干学科带头人+若干小团队"的组织模式。

(四)知识输出管理

高校师资队伍进行知识学习和生产的最终目的是知识输出,只有将知识输出到社会才能实现高校的社会功能。对知识输出进行管理需要考虑如下两方面要素。

1. 知识输出的目的

高校师资队伍知识输出具有两大目的:第一,把高校师资队伍掌握的知识输出到社会,实现高校的知识传播社会功能;第二,将师资队伍产生的新知识进一步转化为社会生产力,实现新知识的价值,为社会做出直接的经济贡献。

2. 知识输出的内容与方法

高校师资队伍知识输出的内容主要包括如下两大方面。

一方面是将知识输出给不同专业的学生,当学生毕业到社会参加工作后就把知识进一步输出到社会。这方面内容与高校师资队伍的知识传播部分内容相似。这种知识输出是以"人"为载体进行的。因此,加强学生的校内学习,做好毕业学生的就业安置工作能够保证知识输出。

另一方面是将知识转化为社会生产力,实现知识的经济效益。高校管理的主要工作是建立产学研结合机制,促进新知识(主要是各种专利)的产业化。这方面的知识输出以"新知识"本身为对象,以产业化为目的,关注的是如何实现知识的价值。只有高校是无法完成这项任务的,所以需要构建产学研结合的机制,与其他公司团体合作分工完成。如在高校与企业联合建立高科技研究院,双方本着互惠互利、优势互补、共同发展的原则,采用全新的校企合作模式,企业的研发机构入驻校园,在高校建立"研究特区",双方优势互补,强强联合,从而增强企业自主研发能力,提高企业技术创新能力和企业核心竞争力。

(五)自学习管理

高校师资队伍必须建立起自学习的机制作为一个社会组织,要想能够良性发展,必须具有自学习能力。

1. 自学习的定义

从前面的论述能够看出高校师资队伍的自学习包括四部分的内容:内部显性知识输

出、内部隐性知识输出、内部显性知识输入和内部隐性知识输入。这里的知识输入与输出都是在内部进行的，对于高校师资队伍这个对象来说是自身的同一个活动，因此，我们把这些活动统称为"自学习"，把学习的含义进一步扩展，可以认为高校师资队伍这个群体自身形成的学习机制叫作自学习。这里研究的自学习管理主要针对狭义的概念。

2. 自学习的重要性

高校师资队伍作为一个知识源，必须具备自学习的能力，并形成一种核心能力。高校本身要想具有自己的特点，就必须有这个核心的能力。自学习的机制建立起来后，如果运行良好，将会吸引很多高等人才加入，进一步推进整个师资队伍素质的提高，形成良性循环。如果没有建立起自学习机制，高校师资队伍只是形成一个松散的教师集合，本身没有知识增值，不能形成知识凝聚力，很难吸引人才，也很难留住有才华的教师。

3. 自学习的内容

高校师资队伍自学习的内容很多，主要可以从如下几方面考虑：①自学习的知识不仅有显性知识，还有隐性知识。高校师资队伍产生的显性知识，可以以各种形式在内部传播，比如讲座、培训等。另外，难以显性化的，主要存在于教师个人本身的隐性知识是很难进行传播的，只有通过长期的言传身教，才可以实现部分隐性知识在少数人之间进行传播。因此，在一个高校师资队伍中，大家工作、生活接触比较频繁，有很好的机会进行隐性知识的学习。②自学习的知识包括很多学科领域，只要是本高校师资队伍掌握的知识都可以进行内部培训、学习。不同专业方向的教师，为了提高自身素质，也可以学习一些其他学科专业的知识，这样对于交叉学科研究具有更重要的意义。③自学习对于高校师资队伍自身虽然是一个活动，但具体到队伍内部，也需要进行细化分工，掌握了新知识（包括从外部输入的知识和团队自身创造出的新知识）的教师负责将这些新知识条理化，准备好培训材料或讲座报告。想学习、需要学习新知识的教师应该安排好自己的时间，参加各种新知识传播活动，学校管理者应该掌握新知识提供的信息和学习者学习的信息，并且做好组织工作，提供一定的自学习平台，这样三方各自完成好自己的工作，自学习才能很好地进行。

4. 自学习的方法

高校师资队伍自学习的方法很多，针对不同的知识，可以采用不同的方法。

（1）常规的培训课程

对于一些需要长期培训的知识，应该采用这种方法。但必须安排好时间，因为教师一般都有自己的本职工作，他们常利用业余时间进行培训学习。要想达到预期的培训效果，必须保证学习时间，还要采用灵活的教学方法。因为都是本校教师，在培训课上能够形成很好的课堂气氛，形成互动式教学。

(2) 学术会议、讲座报告

如果其他教师参加了校外的国际会议或者高级讲座，回来后可以组织一两次汇报或讲座。自己有新知识发现时也可以举行一次讲座。在科研团队内部可以定期举行学术报告，进行小范围自学习。

(3) 以科研团队方式进行科学研究

由于隐性知识在人与人接触中传播、学习的可能性很大，特别是科学研究能力很难用一两次报告就能够学习到，所以对于科学研究，应该以科研团队的方式进行，大家经常在一起工作、学习、交流，这样才能增加接触机会，促进隐性知识传播，通过科研团队方式可以形成一支能力很强的科研队伍，这种自学习方式直接、有效。

第二节　高校师资管理的优化策略

一、优化目标

（一）高校的基本特征

1. 高校不同于企业组织，不同于国家机关，也不同于其他社会组织

对于政府组织来说，其有着比较严密的组织管理系统，下一级要对上一级领导负责，并要严格按照上一级的指示办事，对于企业组织来说，追求最大利润为其最终目标，由于经济利益的维系，组织上下级之间指令与行动基本一致。但对于高校来说，调动学术劳动力，就不能按照政府和企业的做法。高校既是有序的组织又是无序的组织。一方面，无论是研究型大学，还是教学型大学，甚至以培训为中心的学院，都有完整的组织架构，其从用人、人才开发、财务管理到整个学校运作也有一套自上而下的机制和规范，这是高等学校的有序性；另一方面，高等学校的无序性是指大学的学术劳动力本身有很强的独立性和自我意识，时间和意志等方面很大程度上享受自由。正因为如此，对高等学校的学术劳动力（教学和科研群体）的管理就不可能非常有秩序。

2. "官本位"思想引起的行政权力和学术权力的竞争

这个冲突始终是每一个高校面临的突出问题，学术自由和学校自主是高校办学的两个精髓，在教师授课、科研、社会活动上，都享有一定的学术自由。但学术自由也是有边界的，这个边界就是学术权力和行政权力的冲突及和解。学术和行政的矛盾在大学里是普遍

存在的。如何处理这个矛盾，直接影响到大学教师的积极性。这个矛盾对高等学校的人才资源管理是一种不可回避的挑战。

3. 高校以培养高级专门人才为目标

这是高等学校区别于其他社会组织的本质特征。虽然现实的高等教育事业十分丰富而复杂，是现代社会中一个具有广泛而深远影响的领域，具有综合的社会效益，但培养高级专门人才是其最直接、最核心的目标。这是高等教育的"纲"，抓住这个"纲"，高等教育事业就有了存在与发展的根基。

4. 高校的社会属性

高校对促进社会生产力发展具有重要作用，同时，在教育培养人的过程中，不仅传授知识，还灌输一定的价值理念。因此，高校具有生产力和上层建筑双重社会属性。

5. 高校的基本职能

高校的主要职能是培养人才、发展科学技术、开展社会服务。这些社会职能并不是平行的。其中最基本的社会职能是培养高级专门人才，这是决定高等教育本质的因素；同时，发展科学技术、开展社会服务两种职能都应该服务于培养人才的职能，与其相互补充，相互结合，共同铸造高校独特的社会地位，发挥高校重要的社会作用。

（二）高校教师人力资源的特征

高校人力资源除了具备一般人力资源的基本特征之外，更重要的还在于它的个性特征，这些个性特征深刻地体现在高校人力资源的群体特征、职业心理、劳动特点等方面。主要表现在以下几方面。

1. 人力资本存量丰富

舒尔茨认为，人力资本是劳动者身上所具备的重要能力：一种是由个人与生俱来的基因决定，通过先天遗传而获得的能力；另一种是由个人努力学习形成，通过后天获得的能力。教学科研人员是高校人力资源的主体，是人类科学、技术、文化、艺术遗产的继承者、传播者和开拓者，并承担着人才培养、科学研究、社会服务的社会角色分工，对国家经济发展和社会进步来说，起着不可替代的推动作用。由于高校教师工作本身和社会分工的特殊性，对他们的能力和素质的要求普遍偏高，因而，使得高校成为社会上的人才高地，人力资本存量极为丰富。

2. 高校人力资源的高层次性

高校教师多数拥有高学历、高职称，掌握着各种专业知识和技能；具有较强的自我意识，特别关注自我价值的实现。

3. 可共享性

共享是指人的知识、技能和体力可以被多家单位共有和重复使用。在现代化、信息化、多元化的当今社会，如何处理好本职工作和社会兼职的关系，对高校教师及高校管理者来说都是一个需要面对的重要问题。因而，高校在深化校内管理体制的同时，要制定相应的对策，采取恰当的措施，使教学科研人员能妥善地处理好这两者的关系。与此同时，高校教学科研人员注重自身价值的实现，往往具有较高的人生定位，并期望得到社会的认可。这种理想和追求是教学科研人员创造力的重要源泉，这种需要的满足能使教学科研人员产生巨大的、持久的、稳定的进取精神。

4. 劳动成果难以量化

高校人力资源主要是脑力工作者，其劳动过程是无形的，并没有固定的场所和步骤，很难对劳动过程进行监控。高校教师不仅为了分析、探索和传授知识而废寝忘食地工作，还需要不拘时间、不拘地点地花费大量精力进行科学思考。同时，培养有用人才以及其科研成果的应用与推广是其教学的成就，这两方面都具有明显的滞后性，因此，劳动成果难以衡量。

5. 教学科研人员更加稀缺

在高校人力资源中，教学科研人员一般要经过长时间的锻炼成长，其中骨干人员需要更多的投入才能脱颖而出。在当今多元社会里，对高校教师又提出了更高的要求，不仅要掌握深厚的理论知识、较强的科研能力，还要了解来自各方面的大量信息，并以新而实用的教学方式来满足不同类型学生的需求。高级人才和尖端人才在成为高校教学科研人员中的先锋之时，也往往成为社会人力资源中争夺激烈的焦点。

6. 高校人力资源流动性强

人才的流动总是受到经济利益、社会地位和生存环境等利益机制的驱动，因而，人们总是向往着更好的发展机会、更好的物质待遇、更好的工作环境。在市场经济条件下，人才流动、自主择业已成为当前社会的一种发展趋势。

（三）高校人力资源的构成

高校人力资源是一个被广泛使用却又比较模糊的概念。到目前为止，对高校人力资源的构成还没有达成共识，主要有以下几种观点：①高校人力资源主要由教学科研人员（包括实验辅助人员）、党政管理人员、后勤服务人员、校办产业人员四支队伍组成。②学术人员、教学研究人员、教学管理人员、行政管理人员、各类服务人员和离退休人员是高人力资源的主要部分。③教师队伍、管理队伍和后勤队伍组成高校的人力资源，其中教师队伍是主体，管理队伍是关键，后勤队伍是补充。④高校人力资源由四支队伍组成，即学术人员、教研人员、行政管理人员和一般服务人员。

这些观点都具有一定的合理性，随着教育职员制度的试点和推行，未来的高校人力资源应该由教师和职员两类人员构成。其中，教师队伍由具有教师资格的高级知识分子组成，包含具有相对明确分工的教学人员、科研人员。主要承担人才培养、知识传授任务的是教学人员；主要承担科学研究、知识生产任务的是科研人员。教学人员和科研人员将成为高校人力资源的主体。具有管理能力的管理人员和专业技能的服务人员将组成职员队伍。而服务人员主要为教学、科研和管理提供技术支持性服务，管理人员主要履行学校正常运行的管理职能。

（四）高校教师人力资源优化配置的目标

优化配置高校教师是确保高校有效运行的一项重要工作，它既有利于高校自身的发展，又能提升教师自身素质。高校教师人力资源的优化配置，应充分调动教师队伍的积极性、主动性、创造性，让合适的人在合适的岗位做合适的事情，以最小的成本换来最大的收益，确保高校队伍成为一个精干、合理、高质、高效的整体。

1. 教师群体素质结构的优化

高校教师的"硬结构"，即年龄结构、学历结构、职称结构、学缘结构、学科结构，对它们的优化就是对高校教师群体素质结构的优化，其主要表现在以下几方面。

（1）均衡的年龄结构

形成科学合理的老中青梯队，能防止教师队伍的"断层"现象，并为教学和科研的梯队建设打下良好基础。

（2）较高的学历结构

教师队伍中高学历者所占的比例越大，教学科研水平就越高。以博士学位作为教师的必备条件，是一些经济发展速度较快的国家高等教育的主要特征。

（3）合理的职称结构

职称结构集中反映了教师队伍的综合素质。一所高校中的教授、副教授、带头人占的比例越高，证明该校的教学、科研实力越强。

（4）理想的学缘结构

学缘结构有利于打破学校学术上的"近亲繁殖"，而形成相互交融的、活跃的文化氛围，它反映了一所学校的办学传统、办学理念，是学校鲜明特征的表现。跨学派、跨学科专业，"多元"合成的学缘结构应该是我国高校逐步形成的学缘结构目标。

(5) 相融的学科结构

学科结构反映高校师资队伍的整体实力，也是高校社会服务功能的主要标志。在高校教师资源优化配置的过程中，注重基础学科、新兴学科、重点学科的协调发展，扩大学科的覆盖面，兼容多种学科人才，促进各学科的相互交叉与融通，逐步建设一支学科专业合理，适应教学、科研以及学科要求的教师队伍。

2. 教师个体素质结构的优化

高校教师的"软结构"，即理论知识结构、能力结构、思想道德结构、生理心理素质结构等，对它们的优化就是对高校教师个体素质结构的优化。具备扎实、深厚的理论知识结构是教师个体素质结构优化的前提，具体包括掌握本学科专业及教育学科专业的理论知识体系、与本学科专业相关的学科理论知识以及掌握知识面的宽度、厚度和深度，掌握现代教育的基本方法、手段，懂得教育教学的规律等；同时，具备很强的思考能力、观察能力、想象能力和教育教学的组织能力、口头表达能力、沟通能力、书面表达能力、科研能力和创新能力等也是教师个体素质的重要内容。此外，还要有良好的思想道德素质，树立正确的世界观、价值观。高校教师资源优化配置的目标，从个体来说，要满足教师综合素质发展与提高的需要，从宏观来说，要适应高校自身发展以及高等教育发展、社会进步的要求。

从总体上来说，要优化配置高校教师资源，首先必须明确配置的目标。目标不明确，就会使教师配置陷于盲目，而明确高校教师配置的目标，需要深刻把握高等学校的特征、教师人力资源的特征以及高校人力资源的构成。高等学校既不同于企业组织，又不同于政府组织，而是一种特殊组织。公立高等教育一定要坚持教育的公益性，办出人民满意的教育，随着社会经济的变迁，计划经济向市场经济的过渡，社会的结构也不再是单纯的结构单元，一元化社会结构已不再存在，多元化社会的发展使人的思想观念发生了根本性的变化。人们开始追求个人与社会、权利与义务之间的平衡。同样，教育也是一种组织，是由不同的人组成的团体。学校应该多了解市场，多关注市场，多分析市场的需求和变化，这样计划经济时期政府和学校之间单纯的关系已经被打破，而形成了三者相互联系、相互制约的关系，即政府、学校和市场三者之间的关系。因而，教育，尤其是公立高等教育在坚持公益性的前提下，需要关注教育的公平和效率。

对于高校教师本身来说，他们固有的特点，比如高层次性、共享性、学术自由性、成果难以量化等，在新的社会、新的时代、新的市场已经发生了很大变化。教师已经不能完全被定义为某个学校的教师，其价值观和人生观也不能完全只讲奉献，而不顾"索取"，他们的价值观已多元化，他们的需求也已多样化。物质的、生存的需要虽然仍是最基本的需求，但是，被尊重、自我价值的实现需求已经凸显。而且，受外界市场的影响，教师也表现出了"趋利"性。

故而，如何设置高校教师资源的优化配置目标，需要对教师整个市场进行调研分析，尤其是要对本校教师的状况进行调研分析，只有在对师资状况正确分析的基础上，才能制定出符合本校实际的教师优化目标和方案。

二、影响因素

（一）市场经济影响因素

我国社会主义市场经济体制改革在不断深化，大学也从社会的边缘走向社会的中心，其本身已经不是一个单纯从事教学活动的场所，而是为社会提供多样化服务的场所。高校需要面向市场，投入更多的人力资源为社会服务，通过市场这种隐性的机制配置高校人力资源。

一是高等教育的改革和发展，高校教师资源配置，由于市场经济的发展而被提供了外在动力，被注入了新的活力，社会经济实力的强大使得相应的知识和专业技能的价值得以提升，能够有效地激励高校教师自我发展、自我完善，高校教师在实现社会价值的同时也实现了自身的价值。

二是市场经济的发展对人才的需求更加急迫，并为高等教育的改革和发展、教师资源优化配置提供了强大的物质基础，创造了良好的外部环境。

三是市场经济的发展，使高等教育的教育结构、专业结构、课程结构和教师资源结构的调整与优化面临了新的任务和要求，进而为高校教师资源配置提供了良好的契机，有利于促进高校教师资源的优化。

（二）高校办学定位的影响因素

我国高等教育结构随着我国进入大众化高等教育阶段以及高等教育规模迅速扩张而日趋复杂化。大学分类及分类的科学性、合理性关系到学校的定位和今后的发展方向，关系到政府管理政策和高等教育评价标准的制定，因而，大学分类成为当前高等教育界一个普遍关注的问题。但是，由于大学本身的复杂性，大学分类会涉及很多其他方面的因素，增加了合理分类的难度。

高校不同的规模、不同的层次，决定了不同的办学定位和对教师资源配置的不同要求。

国家教育发展研究中心马陆亭将高校分为"两种类型＋四个层次"。根据高等教育大众化后社会需求的多样化以及人才成长的客观规律，将高校按照两个维度进行分类：维度之一是按"教学型学院——研究型大学"层次框架构建，关键是安于定位、提高质量；维度之二是按"学术型人才——应用型人才培养"类型框架构建，关键是导向明确、办出特色。两种类型的高校在层次分类的上游可以有一定的交叉，但越往下游交叉越少。

该分类法体现了我国当前人才培养的层次性和社会需求的多样性，金字塔式的高校结构涵盖了各层各类的高校。但是高校的数量是在不断增加的，对每一层次的高校规定一定的数量，其科学性还有待进一步考证。

（三）教师资源配置系统内部影响因素

1. 结构因素

（1）师职比

高校办学的主体是教师，直接承担着高校培养人才、开展科学研究和社会服务等重要职能，教师以外的其他人员则是为教师完成这些任务服务的。教师比例不是越高越好，也不是越低越好，而是根据高校的定位、规模等找出一个合理的比例，从而使高校的生产效率、资源配置效率达到最佳。

（2）教师的学历结构和职称结构

学历在一般情况下能够反映教师队伍的业务素质，代表一个人接受正规教育的程度、他的基础水平以及发展的可能性。职称结构的设置，其比例的合理性能保证教师队伍的健康发展。

（3）教师的年龄结构

教师的年龄结构指教师队伍的年龄构成状况，它在相当大的程度上反映教师队伍教学、科研的活力和潜力。

（4）教师的专业结构

教师的专业结构反映了教师队伍的知识结构状况，能体现学校或学科的某些特色。随着当代科学技术发展的趋势，教师的专业结构趋向综合化，必须既专且博，一专多能。

（5）教师的学缘结构

教师的学缘结构指一所高校中教师在本校外完成某一级学历（学位）教育或在校内完成其他学科（学位）教育的构成情况。高校应积极改善师资队伍的学缘结构。

2. 效益因素

（1）生师比

生师比在衡量一所高校的办学效益时是一个很重要的指标。

（2）科研数量与质量

科研数量与质量反映了学校的整体办学实力和学术水平。

（3）经济、社会环境因素

高校的环境因素以及教师资源系统内部因素等，综合影响了高校教师资源的配置。

总之，高校教师资源优化配置受到各种因素的影响，高等教育既要受到市场经济的影响，又要受到高校办学定位的影响，同时还要受到学校及教师内部因素的影响。市场经济是外部影响因素，但教师资源配置并不能忽视这个影响因素。外界经济社会环境的影响会直接作用到高校本身。比如高校的学科建设、专业设置，再也不能完全遵循计划经济时期的设置，需要面向市场，进行科学合理的设置，如果某些学科的设置不能适应市场，那么，培养出来的人才将是不能适应市场的人才，学科结构不合理，专业背景没有时代性，这样培养出来的学生就很难就业。同时，也要关注市场需要什么能力和素质的人才，俗话说"什么样的教师培养出来什么样的学生"，如果不了解市场需求，不知道社会上需要什么样的人才，在教师配置时，就很难将合适的教师放在合适的位置。

办学定位对高校教师配置影响非常大，主要表现在学科带头人和教师梯队建设。只有明确了学校办学定位，才能了解需要什么学科，需要什么教师，需要培养什么样的教师。在市场经济条件下，学校不能再走之前"有什么样的教师培养什么样的学生"的路子。

如果学校定位是研究型大学，那么适合这个定位的教师资源配置是什么样的？这就需要师资管理工作者去思考和研究。研究型大学和应用型大学二者的教师配置肯定是不同的。应用型大学的学科和专业建设更应该针对市场，紧跟市场形势变化，第一时间做出相应的变革。

三、优化配置原则

（一）以教师发展为本

确立教师发展在高等教育发展中的优先地位。完成高等教育由依靠物质资源投入作为主要发展动力向发掘人力资源的创造作为主要发展动力的模式转型，将人力资源的投资与开发作为高等教育发展的基本动力。高等教育投资在继续完成部分高校的基础设施建设的同时，要真正将重点转向教师队伍建设上来。高校要真正把教师队伍建设摆在学校发展的重要位置上，集中资源重点支持，并在学校办学中充分尊重和有效发挥教师的主体地位与作用。

（二）着眼于整体优化、兼顾局部优化

高校教师资源配置必须首先着眼于教师队伍的整体优化。规划应体现以下几个要点：学校定位、规模、性质、特点作为优化的依据；为学校人才培养、科学研究、社会服务提供人才保证作为目标；同时，与学校物质资源、财政资源、学生资源、科技资源现状和发展相适应。

高校内部各个单元的教师资源优化即师资队伍的局部优化，如传统意义上的研究所、学院、学系、教研室、研究室、实验室等，现代意义上的学科、专业组织等。在高校，往往存在这样的现实：学校整体水平可能一般，但某个学科、某个专业则很强势，而这个学科、专业的强势可能主要是因为拥有一位高水平的学科带头人或较高水平的教师队伍。国

家实施的"双一流"既包括对部分高校的部分学科的建设，通过部分学科教师资源的优化和学科建设的优化，从而推动部分学科达到或接近国际先进水平，同时又兼顾了教师队伍的个体优化。整体、局部、个体基本都是相辅相成、相互包容、相互支撑的统一体。

（三）数量与质量结合

人力资源数量作为构成人力资源总量的基础部分，反映了人力资源量的特征，而人力资源的质的变化对社会生产和其他社会活动的影响更为重要。教师资源的优化配置，既要重视数量的规定性，又要重视质量的优化。

（四）队伍建设的国际化

高校要面向国际积极实施"走出去、请进来"的战略，进一步加大海外优秀人才的招聘力度，逐步提高外籍教师比例，集聚一批具有国际竞争力的学术大师和优秀领军人物；鼓励教师积极参与国际学术交流与合作，加强与国际学术组织的联系，逐渐提升高校及其教师国际学术的影响力，使高校成为高水平人才荟萃的高地；充分利用国际教育资源加强高校教师队伍建设，搭建若干海外师资培训平台体系。

（五）结构与效益结合原则

人力资源优化配置的实质是追求人力资源效益的最大化。高校教师资源配置无疑必须注重教师资源结构的优化，包括学历结构优化、职称结构优化、年龄结构优化、专业结构优化、学缘结构优化等方面。同时，也要注重高校的办学效益，包括保持合理的专任教师和教职员比例、专任教师与学生比例、教师的科学研究产出等。教师配置的结构和效益与学校的规模、性质、专业、特色关系密切。

（六）优选增量与带动存量结合

在人力资源配置过程中，增量与存量的优化非常重要，一方面要再配置人力资源存量，另一方面通过对人力资源增量的调整来改变人力资源的配置结构，但要充分发挥增量调节的效果，则还需要通过充分运用增量对存量的引导来发挥存量的作用。

第四章 高校教师职业生涯规划

第一节 高校教师职业生涯规划概述

一、高校教师职业生涯的一般问题

（一）职业生涯

关于职业生涯的概念学者们众说纷纭，并没有形成统一的认识，但概括起来主要有两种倾向、三个阶段。

职业生涯规划的两种倾向是：第一种是从组织的角度来理解的，特别强调职业生涯的外在特性。法国的权威词典将职业生涯定义为，具有连续性的分阶段、分等级的职业经历。第二种倾向则认为职业生涯至少应包含主客观两方面的含义，如果将职业生涯仅仅理解为个体职位的变化是狭隘的，明显缩小了这一概念的内涵。美国著名职业生涯管理专家薛恩认为职业生涯应该包括客观与主观两方面含义，亦可称为外职业生涯和内职业生涯。外职业生涯表示职业生涯客观特征的概念，是指个体在工作期间进行的各种活动和行为的连续体，其内涵十分丰富，包括职业的工作单位、地点、内容、任务、环境、工资待遇等因素的组合及其变化过程，这些因素都是外显的，是可以被观察到的。内职业生涯表示职业生涯主观特征的概念，是指某职业所必须具备的知识观念、心理、素质、能力、内心感受等因素的组合及其变化过程，涉及一个人内在的价值观、态度、需要、气质、能力和发展趋向等。这些因素是内隐的，更多地关注个体所取得的成功或满足主观情感以及工作事务与家庭义务、个人消闲等其他需求的平衡，是难以直接观察的。

职业生涯概念的发展和演变经历了三个阶段：第一阶段是20世纪50年代末期至60年代初，职业生涯被解释为"工作选择"，因为人们在职业生活中面临的主要问题是对不同的职业做出合理的选择。第二阶段是20世纪60年代到70年代中期，职业生涯被解释为个体毕生可能拥有的所有"职业的总和"。第三个阶段是20世纪70年代至今，职业生涯的概念被解释为个人终身所从事工作或职业有关活动的过程。

综上所述，我们认为职业生涯是指一个人一生的工作经历，包括职业、职位的变迁及职业理想的实现过程。它由时间、范围和深度构成。时间指的是人一生中不同的职业阶段，即职业初期、职业成熟期、职业晚期等；范围指的是人一生扮演的不同职业角色的数量；深度则是指对一种职业角色投入的程度。

（二）高校教师职业生涯

教师职业生涯，是指个体在教师岗位上所度过的、与教育活动相联系的所有工作经历的总和。高校教师职业生涯的含义主要有两种倾向：从广义的角度来看，高校教师职业生涯是指高校教师在其一生中所有的职业和生活角色，它包括所有的职位总和及与工作有关的多种角色；从狭义的角度来看，高校教师的职业生涯是个体毕生与工作或职业有关的经验和活动。高校教师职业生涯是指高校教师在其一生中所有职业活动的过程，这一过程包括了职业所指向的工作岗位、工作经验和工作任务，这种职业生涯受到个体兴趣、个人价值、需求和情感的影响，也受到社会、环境、组织的影响。

高校教师职业生涯从主客观角度划分为：主观职业生涯和客观职业生涯。

高校教师主观职业生涯是指从事高校教师职业时所具备的知识观念、经验能力、心理素质、内心感受等因素的组合及其变化过程。在主观职业生涯中，高校教师努力使工作同自己的个人需求、家庭义务及个人休闲获得平衡。主观职业生涯是高校教师追求职业经历的道路，它要靠高校教师持续不断的努力而获得。有的随客观职业生涯而获得，但不会因为客观职业生涯的失去而自动丧失；有的不随客观职业生涯发展而获得，是自动具备的。主观职业生涯涉及高校教师个人的价值观、态度、需要、气质、知识、能力和发展趋势等，所以与客观职业生涯相比，主观职业生涯渗透在职业生涯的全部活动中，难以直接观察到。

高校教师客观职业生涯是指高校教师在工作时期进行的各种活动和行为的连续体，它包括从事这项职业的工作单位、时间、地点、内容、职务与职称、工资待遇、荣誉称号等因素的组合及其变化过程，是高校组织努力为高校教师在组织的职业生命中确立一条可以依循、可感知、现实可行的发展之路。高校教师客观职业生涯最大的特点表现在它通常是由外在因素决定、给予和认可的，因而很容易被别人否定、收回和剥夺，是可被直接观察到的。

从上述分析中我们可以看出，高校教师的职业生涯具有以下几个本质含义：

第一，高校教师职业生涯既是个人现象又是组织现象。高校教师职业生涯的主体虽然是高校教师个人，但在一个高校教师从业的经历中必然伴随着个人在高校组织中地位的变化以及高校组织的变换等，因此，高校教师职业生涯与高校组织的关系是密不可分的。

第二，高校教师职业生涯既是一种结构（职业位置）也是一个过程，高校教师的职业生涯是高校教师个人在职业发展过程中的流动和分层。从过程角度来看，高校教师职业生涯包括了职前教育、职业进入、职业发展策略、职业流动与升迁以及最终的职业位置等多个环节。因此，它是一个发展和动态的概念。从结构上来看，高校教师的职业生涯是高校教师在职业发展过程中占有的社会位置。

第三，高校教师职业生涯是一个兼具主客观特性的概念。它既包括可以让我们观察到的职位、工作经验和任务等客观因素的组合与变化，也包括高校教师价值、需要和情感等主观因素的组合与变化。

第四，高校教师职业生涯是一个职业的概念，它代表的是一个高校教师一生中在职业岗位上所度过岁月的整个过程，是一种与工作相关的、连续的、终生的经历。

二、高校教师职业生涯规划概述

（一）高校教师职业生涯规划的界定

职业生涯规划也叫职业生涯发展规划，是指组织或个体把个人发展与组织发展相结合，对决定个人职业生涯的个人因素、组织因素和社会因素等进行分析，制定有关对个人一生中在事业发展上的战略设想与计划安排。它也是个体对其一生中所承担职务的相继历程的预约和计划，该计划包括个体的学习与成长目标以及对一项职业和组织的生产性贡献和成就期望。

高校教师的职业生涯规划则是对有关高校教师职业发展的各方面进行的设想和规划，是教师从自身的优势和特点出发，根据时代、社会的要求和所在学校的共同愿景，做出的能够促进教师有计划、可持续发展的预期性、系统性的自我设计和安排。其主要内涵包括以下三方面。

第一，高校教师职业生涯规划是一个过程，包括高校教师的自我分析、职业道路的选择、人生探索、自我实现等一系列高校教师人生中必须面对的问题；第二，高校教师职业生涯规划的主体是高校教师个人，只有自己这一内因才能起到决定作用，外因永远只能起到辅助的作用；第三，高校教师职业生涯规划要落实到时间表和行动方案上，高校教师做任何的事情都要形成计划，规划实现路径和时间节点，以利于计划的实施。

高校教师职业生涯规划的目的是通过高校教师的工作及专业发展的设计，协调高校教师个人内在需求和大学组织长远目标需求，实现高校教师和大学组织的共同成长和发展。高校教师职业生涯的有效规划是大学组织与高校教师个人双方的责任，大学组织与高校教师都必须承担一定的责任，双方共同完成职业生涯的规划，实现大学组织与高校教师的双赢。

高校教师的职业生涯规划是具有个体差异性的，所以每位高校教师的职业生涯发展路径都有所不同。高校教师在进行职业生涯的规划与管理过程中，从主观上要充分考虑到自己的兴趣爱好、性格特征、能力特长以及价值观与职业规划的匹配，从客观上要分析包括家庭环境、社会环境、行业发展趋势、社会发展趋势等客观条件，选择有利于发挥自身优势、具有可操作性的规划或者路径。另外，高校教师职业生涯规划的设计是整个职业生涯发展的过程，所以高校教师在制定规划时要考虑职业发展各个阶段与当时社会背景的结合，既做到系统思考，又必须具备时间观念，使高校教师的职业发展阶段与高校组织发展、社会发展的阶段相结合以具备时效性。

（二）高校教师职业生涯规划的意义

高等学校承担着人才培养、科学研究和服务社会的三大任务，无论是培养人才还是科学研究以及服务社会，其核心要素都是教师，所以高校教师是高等学校发展的人力资源保障，教师资源是高等学校组织发展的核心动力。高校教师具有强烈的成就欲望，拥有成功的职业生涯是其实现自身价值、获得社会认可的必然要求，成功的职业生涯规划也是高校教师完善教学与科研能力的关键所在。进行科学的职业生涯规划，可以实现教师自我价值的不断提升和超越，有利于个人在职业生活中的成长与发展，也有利于高校自身健康积极的发展，因此，高校教师在日常工作中进行职业生涯规划是非常必要的。

1. 从高校教师自身角度讲，有助于职业成长

高校教师职业生涯规划是高校教师的"育己"过程。合理有效的职业生涯规划可以帮助高校教师在职业发展过程中加深对自己和职业岗位的了解，并通过评估自己与理想职业岗位的差距，明确自己的职业定位及职业发展方向和目标。同时，高校教师在职业发展过程中，可以通过不断的自主学习和高校提供的各种培训，提高自己的职业素养和职业技能，有效解决职业成长过程中遇到的各种问题，以适应职业发展需要。高校教师通过不断自我发展和完善，更好地发挥自己的潜能，增强职业认同感，从而实现自己的人生价值。

2. 从高校角度讲，有助于高校合理配置教师人力资源

在高校人才竞争日趋激烈的形势下，高校利用合理有效的职业生涯规划与管理，可帮助高校教师明确奋斗目标。同时，通过高校教师职业发展过程中的沟通协调、帮助、指导可以有效增强其归属感，满足高校教师对自我实现的需要，从而实现更高层次的激励，以吸引和留住优秀人才。除此以外，高校通过职业生涯规划还可以及时了解高校教师的兴趣爱好、理想目标、个性特点、专业特长等，为其设定不同职业发展轨道，有针对性地制订职业发展计划和配置资源，实现高校人力资源结构的优化，达到人尽其才，用当其所，从而避免人才资源的闲置和浪费。

3. 从二者之间的关系来讲，有助于实现教师与高校的协调发展

高校教师职业生涯规划的每一个阶段、每一过程，都是高校和教师基于共同的发展目标，经过充分沟通和协商然后共同制订的。所以，对高校教师进行职业生涯规划，有助于

高校及时把握高校教师在职业发展过程中出现的各种问题，并给予及时解决，实现高校发展需求和教师发展需求的平衡，保证高校师资队伍的稳定与发展。与此同时，高校和教师共同制订职业生涯规划，在很大程度上可以有效抑制高校和教师在目标整合上的偏差，通过不断的调整与完善，从而实现高校人力资源的可持续发展以及高校与高校教师共同发展的双赢局面。

第二节　高校教师职业生涯规划过程

一、高校教师职业生涯规划的类型

高校教师职业生涯规划按照不同的标准可以分为不同的类型，我们按照规划的时间长短，可以将职业规划分为短期规划、中期规划、长期规划和人生规划四种类型。

（一）短期规划

短期职业生涯规划也可以称为近期职业生涯规划，是指2年以内的职业生涯规划，主要是高校教师确定近期职业成长目标，规划近期应完成的任务，例如计划1～2年内"熟悉高校运行规则，融合高校文化，掌握基本业务技能，完全适应教师岗位，站稳讲台"等。

（二）中期规划

中期职业生涯规划是指3～5年内的职业目标与任务，如3~5年要达到职称晋升（助教晋升讲师，讲师晋升副教授或者晋升教授），成为教学科研骨干或者学术带头人，完成相应的教学科研指标。中期目标则是根据实际情况制定的，教师可以按照自己的职务、任职时间的长短等来制定和调整。

（三）长期规划

长期职业生涯规划是指6～10年的规划，这对高校教师而言，设定了较长远的目标，以及为实现此目标应采取的诸多具体措施。长期目标一般至少在几年时间内是相对比较稳定的。

（四）人生规划

人生规划是指整个职业生涯的规划，时间长度为40年左右，它设定整个人生的发展目标和阶梯，是一种终生职业生涯规划。高校教师的人生规划制定是对整个职业生涯发展的总体把握，有利于宏观上对职业生涯规划进行调控。

二、高校教师职业生涯规划的特征

（一）高校教师职业生涯的特点

不同的职业通常代表着不同的发展机会与空间，也决定了个体不同的生活方式，职业特点往往也决定着职业生涯的特点。研究高校教师职业对于分析高校教师职业生涯特点具有重要意义。传统观念认为，高校教师是高等学校的教育者，他们既是某一学科的专家，又是一线教育教学工作的实际承担者。近年来，不少研究者认为：高校中作为办学主体的教师，扮演着研究者、教育者、社会批判者等多种社会角色，从高校组织特征而言，高校教师就是这样一个群体，他们在高校这一特定组织中，以独立的身份，以探究发现真理为己任，借助知识的力量，传递文化知识，培养和熏陶受教育者，并对社会表现出深刻的公共关怀，体现出强烈的公共良知，他们都怀着崇高的学术信念和学者人格，忠诚敬畏于高校这一学术组织。

高校教师职业生涯在具有一般教师职业生涯特点的基础上，还有以下几个鲜明的特点。

1. 专业性

高校教师拥有广博的知识，主要包括学科知识；学科教学法知识；课程知识；有关大学生及其特点的知识；有关教育脉络的知识；教育目的、价值、哲学与历史渊源的知识等。总之，高校教师必须具备一套系统化的专业知识结构。首先，作为高深知识的发现者、传授者，高校教师必须是所教学科的学者；其次，教育工作要求高校教师必须具备培养人所必备的教育学科知识，有正确的职业观、价值观，掌握必备的教育教学技能、知识等；再次，培养人才是一个缓慢渗透的过程，高校教师必须有着广博的普通文化知识，将之内化为个人的人文素养，才能完成既为经师又为人师的重任，要想具备这一知识系统，对高校教师所受的教育、社会经历以及心理成熟都提出了非常高的要求。所以，高校教师都必须受过高等教育并接受一定的专门培训，一般的职业则没有这样严格的要求。

2. 学术性

高校是专门的学术组织，正如伯顿·克拉克教授所指出的："只要高等教育仍然是正规的组织，它就是控制高深知识和方法的社会机构，它的基本材料在很大程度上构成各民族中比较深奥的那部分文化的高深思想和有关技能。""大学是发现、保存、提炼、传授与应用知识的场所，知识材料，尤其是高深的知识材料，处于任何高等教育系统的目的和实质的核心。"所以，身处高校的教师也是专业的学术人员，其整个职业生涯都是围绕高深知识而展开的，把它称为学术生涯恰如其分。

3. 自主性

高校教师在对自己学术领域中的问题，如授课方式、方法、课堂组织形式、科学研究课题选择、研究方法等方面拥有着较大的自主权，同时在高校教师的选拔招聘、学科发展建设等方面也有一定的发言权，所以有人认为高校教师与其他职业人员不同，他们不仅是简单的被雇佣者，在一定程度上他们还是高校的管理者。在欧美许多国家，高校教师拥有自己的学术组织，在学术问题方面，这些组织具有绝对的权威。当前，随着社会的进一步发展，高校教师的职业模式发生巨大而深刻的变化。从时间纬度上讲，由长久不变的全职工作模式逐渐转变为不断变化的临时工作模式。国内高校可以聘任远在国外的著名学者专家为其工作，从讲座教授、特聘教授到长江学者等教师的工作模式愈来愈丰富多彩。从空间纬度上而言，原有的永久或全职为某一高校工作的单一工作模式逐步被打破，新的自我雇佣模式、个人自主创业模式、兼职工作模式以及短期合同工作模式等日益兴起，高校教师个人自主创业机会逐渐增多，多重职业身份也更为普遍化。

4. 发展性

高校是人类传播高深学问的地方，随着科学技术的进步发展，知识的前沿在推进，高校教师必须能跟上这种新的趋势，才有可能给学生传授持久常新的知识，指引学生探索待开发的研究领域，引领学科发展的前景，同时高校内部学科汇集，能者众多，也最有可能成为新知识的发源地。所以，无论是从高校教师自身最本职工作的角度还是从人类社会发展的角度来看，高校教师都应该成为科研的主力军，因此，发展对于高校教师具有特殊的重要性。

（二）高校教师职业生涯规划的特点

不同行业的职业规划具有不同的特点，高校教师的职业生涯规划具有以下几方面特点。

1. 自我调适性

高校教师属于知识型员工，他们有着强烈的成就动机和明确的职业价值观，他们非常在意自身价值的实现，获得社会认可的动机更为强烈。所以，高校教师对于自身的职业生涯具有很强的支持性，并且随着知识的不断更新，工作经验的不断丰富，调适自我以适应知识工作的需要，为了和自身专业的发展现状保持相同步调，他们对学习和工作具有很强的主动性，也有自己独到的认识和见解。

2. 稳定性

高校教师职业的重要特点之一就是稳定性。这一职业工作内容稳定、工作方式方法稳定、工作人员流动性低，故而其职业生涯规划的内容也相对稳定，这有利于稳定有序地进行教师职业生涯规划和实施。

3. 阶段性

高校教师职业生涯发展具有明显的阶段性，制定职业生涯规划时要根据其不同职业生涯阶段的要求和特点来进行设计。对于刚入职的高校青年教师来说，职业生涯规划的重点是要突出其学科方向的明确性和工作的挑战性；对于有一定工作经验的中年教师来说，职业生涯规划的重点是强调工作中的成就感和职业培训开发；对教学、科研经验丰富的老教师来说，职业生涯规划的重点应该是如何发挥传帮带的作用。

4. 自主性

专业技术水平的强弱对于知识型员工团队具有重要意义，在这种类型的团队中，行政上的领导与被领导的界限比较模糊。高校是一个知识型员工高度集中的组织，在高校中学习、沟通、信任、承诺、支持、创新、合作等都是重要的职业生涯管理准则，也就是说，高校教师在职业生涯规划过程中有足够充分的民主自主权和参与管理的权力。

三、高校教师职业生涯规划的原则

高校教师在制定职业生涯规划的时候要遵循以下原则。

（一）利益结合原则

高校教师在职业生涯规划时虽然要考虑教师个人的兴趣、爱好、能力和利益等，但也不能过分强调，高校教师进行职业生涯规划时必须考虑教师自身、高校和社会三者之间利益的有机结合。虽然个体职业生涯规划是为了个人的职业发展，但是高校教师受到社会和高校组织的制约，还受到社会和高校组织利益机制和奖惩机制的影响，高校教师职业生涯规划必须与这些制度结合起来，以便实现高校教师个人专业的成长和人生价值的最大化。

（二）共同制订、实施原则

高校教师职业生涯规划并不是高校组织给教师制订的，也不是教师个人脱离高校的实际情况来独立制订的，它应该是高校组织和高校教师双方共同制定的，它是高校教师在高校组织内部通过教育实践来完成的，即需要高校教师和高校组织共同实施并完成。

（三）时间坐标原则

高校教师制订的职业生涯规划，要有比较明确的时间安排，要有起始时间，如果没有时间设定，职业生涯规划就没有任何意义。高校教师在入职初期应多学习、观察、研究，树立自己的学术观、人生观和价值观；在职业生涯中期，要利用自己经验、知识，在科研和教学上力求有所成就；到职业生涯晚期，应该关心培养人才，发挥余热。

（四）全面评价原则

高校教师职业生涯是否成功应由高校教师、家庭成员、高校和社会全面进行评估判定。当前，由于高校中存在着以形式代替实质，以文凭代替水平，以职称代替能力等不良的价值取向，高校教师职业生涯难以得到应有的、公允的评价，出现了一些伤害教师情感和利益甚至是职业生涯的遗憾现象，这应引起人们的高度重视。

四、高校教师职业生涯规划的程序

职业生涯规划本质上是一个持续不断的职业探索过程，在这一过程中，每位从业者都在根据自己的价值观、理想、信念、态度、需要、动机、能力等慢慢地形成较为清晰的与职业有关的自我概念。对于高校教师而言，职业生涯规划就是在高校教师自我认知基础上，选择适合自己的职业生涯路线，制订切实可行的目标计划进而采取具体行动，并依据对现实的评估和目标进行及时反馈和调整。具体而言，一般包括以下六个步骤。

（一）自我认知

即进行自我发展状况的认识与评价，正确的自我认识与评价是职业目标选择及定位的基础，也是未来事业成功的保证。因此，高校教师准确的自我认知是其制订职业生涯规划的前提和基础，高校教师在职业生涯规划制定时必须认真分析自己的实际情况，充分认识自我，分析自我的优势与不足，才能对自己的职业方向做出恰当的选择，才能选定适合自己的职业生涯发展路线，对自己的职业生涯目标做出最佳选择，制订出适合自己的职业发展规划。

1. 自身特点分析

高校教师应对自己的性格、兴趣、特长、学识、技能、智商、情商、思维方式、思维方法、道德水准以及社会中的自我等方面进行全面评价。主要是分析自己的理想信念、兴趣爱好、性格类型、知识能力以及个人需求等，重新认识自我，确定自己所具备的职业能力和适合什么样的职业等，从而寻求一条适合自己的职业发展道路。

2. 职业特点分析

高校教师在充分了解高校教师职业特点、岗位要求、发展趋势等的基础上，结合自身各方面，条件特别是教学、科研情况的条件、能力，在专业职业测评的基础上，发现自己在教学和科研方面的优势以及缺陷，及时采取措施扬长避短，从而促进自身的职业发展。

3. 职业发展趋势分析

高校教师应对所处的内外部环境进行全面分析，了解所处环境的特点，分析有利、不利条件，明确职业发展的机遇和挑战，系统分析各种因素，从中得出有利于自己职业发展的路线。

（二）环境评估

环境评估是指分析内外环境因素对自己职业生涯发展的影响。在制订职业生涯规划时，要分析环境的特点、环境的变化发展情况、个人与环境的关系、个人在环境中的地位、环境对个人提出的要求以及环境中对自己有利与不利的因素，等等。环境分析主要是通过对组织环境，特别是组织发展战略、人力资源需求、晋升发展机会的分析，以及对社会环境、经济环境等有关问题分析，弄清环境对职业发展的作用及影响，以便更好地进行职业目标的规划与职业路线的选择。不同高校所处地域的经济、政治、文化构成了高校教师职业生涯机会评估的大环境。高校教师在职业生涯机会评估中必须明确高校所处大环境对自身职业生涯发展的影响，从而做出符合自身发展的选择。另外，高校教师还应分析高校组织内部环境对自己职业生涯发展的影响，如组织文化、用人制度、领导者的价值观等。

（三）职业生涯路线设计

高校教师在对自我认知进行分析的基础上，要对自己的职业生涯路线做出设计。对一般高校教师而言，主要有三条发展路线：教学路线、科研路线和管理路线。不同的发展路线，对教师的能力要求则不同，高校教师自身的特点、条件和所处的环境，也都直接影响着职业生涯路线的选择。所以，高校教师在职业生涯路线设计时，必须深入分析自己的志向、兴趣、特长、所处环境等这些基本要素，明确几个基本问题：例如我想走哪条路线？我能走哪条路线？我可以走哪条路线？进而做出切合实际的选择，使自己的各种行动都沿着自己的职业生涯路线或预定的方向发展。对部分高校教师而言，职业发展并非沿着一条路线进行，也有可能两条或者三条路线共同发展，如教学和科研并行，或者先走一条路线，发展一个时期后，再转入另一条路线。

（四）职业生涯目标的确立

职业目标的确定是职业生涯规划的核心环节。一般而言，按照职业目标的时间长短，可以将职业目标分为1~2年短期目标、3~5年中期目标、5年以上长期目标和人生规划。短期目标通常是近期内能完成的发展目标，中期目标是整个发展规划中的中途目标，长期目标是最终追求的结果。在实现目标的过程中,高校教师可以根据实际情况调节和改进中、短期目标,但长期目标应该是稳定的,否则不利于自身的目标设计和发展。按照职业生涯规划的性质可将职业目标划分为工作能力目标、工作成果目标、心理素质目标等。职业生涯规划的时间目标一般会和职业生涯规划的性质相互结合,短期的职业生涯目标经常会表现为工作成果目标;中期的职业生涯目标一般体现为工作能力的提升、工作成果的突破;相对长期的职业生涯规划目标体现为工作能力的提升、工作成果的突破、个人素质的提高等层次的目标。

(五)职业生涯规划策略的制订与实施

即行动方案的确定。在确定了各种类型的职业生涯规划目标后,行动变成了关键的环节,需要制订相应的行动方案来实现它们,这里所指的行动就是指落实目标的具体职业生涯规划措施和方案。职业生涯规划策略是指为争取职业生涯目标实现所采取的各种行动和措施。因此,确定实施策略是实现职业生涯规划的有效保障。这一过程中比较重要的行动方案有职业生涯发展路线的选择和培训计划的制订等。

(六)评估与反馈

职业生涯规划的评估与反馈过程是个人对自己的不断认识过程,也是对社会的不断认识过程,是使职业生涯规划更加有效的有力手段。高校教师要用发展的眼光来看待自己的职业生涯规划,要依据内外环境的变化,对自己的行动方案进行修订,以实现成功的职业生涯。高校也可以通过多种途径帮助教师建立"职业生涯档案",动态记录工作目标、工作情况、接受培训状况、自我评价信息等,定期进行评估和反馈,及时纠正职业发展目标与实际方案的偏差,以适应现实的不断变化,避免高校教师在职业发展的道路上误入歧途。此外通过评估与修正,还可以有效增强高校教师实现职业目标的信心。

第三节 高校教师职业生涯规划的制订策略

一、高校教师职业生涯规划的影响因素

高校教师职业生涯发展历程错综复杂,在这个重要而又漫长的过程中,会受到诸如教育、性格、价值观、能力、社会环境等主观和客观方面多种因素的影响,概括而言,主要有高校教师个人因素、高校组织环境因素以及社会环境因素三大类。

（一）高校教师个人因素

1. 高校教师个人发展因素

影响高校教师职业生涯发展的个人因素有：个人的理想、兴趣、性格、能力、志向水平等，这些都会对高校教师职业生涯规划产生巨大的影响。第一，高校教师的性格对其职业生涯有重要影响。霍兰德认为，一个人只有从事与自己性格相适合的工作才能让个人充分施展自己的才华，才能全身心投入工作；如果个人的性格与其工作不符，再强的能力也难以发挥。人格特征影响到个体的职业生涯方向，个体的人格与工作环境之间的适配和对应，是职业满意度、职业稳定性与职业成就的基础。第二，个人的理想、兴趣、需求、动机和一个人的追求、行为方式等都会直接影响到职业生涯的发展。个体的兴趣与爱好可以为其职业生涯发展提供机会，如果教师职业能够满足其兴趣，为其提供一个能够获得成就感的机会，就会对教学活动起到促进作用。同样的工作对不同的人有着完全不同的价值，而同一个人对不同的职业会有不同的态度与抉择，所以，高校教师要根据自己的理想、兴趣、追求来决定自己职业生涯的发展方向。第三，高校教师在进行职业生涯规划时要分析自己所处的职业生涯发展阶段，客观衡量自己的发展环境与条件，从而做出客观、可行的职业生涯发展规划。

2. 高校教师个人环境因素

在高校教师职业生涯发展过程中，教师个人的环境因素如家庭支持、重要生活事件、生活危机等都会在某个时期对其产生影响。家庭是人的第一所学校，家庭是教师生活环境的主要组成部分，所以高校教师的家庭成长环境、家庭氛围、父母的教养方式、教养态度、父母的职业以及父母的文化程度等都会对高校教师的职业生涯设计有重要影响。首先，父母的支持是教师职业生涯发展的一个非常重要的因素，儿童时代父母的鼓励和支持，对其后的教师职业生涯发展具有促进作用。其次，高校教师生活中的危机事件，特别是负性生活事件对于教师职业有明显影响。例如，亲人生病或亡故、个人患病、婚姻变化、人际关系紧张等，都有可能使其退出教学领域。

（二）高校组织环境因素

在高校教师职业生涯规划的影响因素中，高校组织环境也是影响教师职业生涯规划的重要因素。高校教师的职业生涯规划既是高校教师的个人任务，又是高校组织的重要职责之一，完整的高校教师职业生涯是在高校组织环境中完成的。高校教师个人因素决定高校教师对职业的选择以及职业发展的潜力，而高校教师的潜能能否被有效开发，职业道路上是否走得平坦，能否取得职业的成功主要取决于高校组织能否为其营造出良好的支持性的环境。从这个意义上说，高校的组织因素是对教师个人职业生涯发展影响最大的因素。

高校是一个具有特色的组织管理系统，高校的规章制度、管理方式、组织气氛和校园组织文化等都对高校教师的生涯发展有重要影响。首先，高校规章制度的科学性和合理性影响教师职业生涯发展。有关研究表明，不合理的管理制度会给教师带来巨大的心理压力；公平合理的奖惩制度对高校教师的工作投入和满意度增长有着积极的意义。其次，高校管理者的管理类型对教师的生涯周期也有明显的影响作用。如果管理类型能够与教师的职业成熟度有机结合，那么高校教师的反应就会非常正面积极。再次，高校的组织气氛也对教师生涯和工作成效有重要影响，团结、友善、互助、合作的组织气氛中，教师会对自己的教学研究工作充满信心，会科学规划和奋力去实现自己的职业生涯发展目标。最后，学校组织文化具有导向、约束、凝聚、激励的作用，它对教师职业生涯发展也有重要影响，学校组织文化与教师个人特质的有机结合会激励个体的工作热情和职业理想，进而成为促进教师职业生涯发展的重要动力。

（三）社会环境因素

高校教师的职业生涯发展从规划到实现离不开特定的社会环境，社会政治经济、社会文化习俗、国家政策的变化、教育发展改革、科学技术的进步等都会对教师职业生涯产生一定的影响。社会政治经济、文化习俗、国家政策等大环境因素决定着高等教育的发展状况，直接决定着高校教师岗位的数量与结构，影响到高校教师对自己职业生涯的决策。教育发展改革、科技进步等影响着高校对教师能力、水平、素养的要求，高校教师如果无法适应新的要求，就有可能终结职业生命，退出教师职业岗位。当前随着科技的发展，传统的教育手段正在变革，互联网、多媒体技术逐渐应用于教育领域，这对高校教师而言挑战和机遇并存，高校教师为了适应这种变化，就必须加强对现代教育技术的学习和应用，发展自己的职业生涯。

上述因素对不同的高校教师有着不同的影响，在其职业生涯的不同阶段上影响也不尽相同，高校教师应当分析出不同阶段中对自身职业发展影响最大的因素，以实现个人职业发展与成长。

二、高校教师职业生涯规划的策略

（一）高校教师要不断提高认知水平，加强对自身的职业生涯规划管理

1. 教师要不断提高对自我和环境的认知水平以及职业目标定位的准确度

首先，准确的自我认知和自我评价是制订个人职业生涯规划的基本前提。高校教师的自我认知就是教师对自己的需求、能力、兴趣、性格、气质等特征做出全面的了解、分析

和评价，以便确立与这些特征相吻合的职业发展目标。自我认知可在一定程度上决定自我能力、兴趣与自我职业目标之间的匹配程度。

其次，提高个人对组织内外部环境的认知度。教师个人职业目标与组织发展目标之间的匹配程度决定了自身的职业目标能否得到实现。因此，高校教师根据组织内外部环境和组织发展目标来确定自身的职业目标就显得尤为重要。一般而言，短期职业目标确立应注重组织内环境和组织发展目标的分析，长期职业目标应更多地注重组织外部环境的分析。因此，高校教师在进行职业生涯规划之前，应该明确学校的发展远景和学校为教师职业发展所提供的环境支持，以便抓住每一个机会促进自身的发展。

再次，提高职业目标定位的准确度。职业目标定位的准确度指的是教师的职业发展目标与组织的内外部环境、组织发展目标、个人的兴趣和能力等特征的匹配程度。每所高校的组织内外部环境和组织发展目标都存在差异，所以为教师所提供的发展机会和空间也会有所不同，加之每个教师自身的能力、兴趣等特征都存在差异，这就决定了不同高校教师的职业生涯规划模式是具有差异性的，每个高校教师都应该根据自身的条件和所处的环境来选择适合自身的职业生涯规划发展路线。

2. 高校教师要切实加强自身职业生涯规划管理

第一，认识职业生涯规划的必要性，具备自我发展的意识。职业生涯规划确立一个人职业发展的方向与目标，没有规划，谈不上自主的发展；没有自主的发展，也谈不上适应和满足国家、社会、高校以及个人发展的要求。因此，高校教师必须认识到职业生涯规划的重要性和必要性，具有自我主动发展的意识，针对"建立学习型社会"对自身专业和发展提出的要求，树立教师职业理想，确定职业发展目标，并切实可行地进行适合的职业生涯规划。

第二，确定明确、合理的规划目标。职业发展必须有明确的方向与目标，目标的选择是职业发展的关键，因为坚定的目标可以成为追求成功的驱动力。在职业规划中作为主体的高校教师，必须了解其与外在环境之间的相互影响与作用，对自身与外在环境需求进行分析、评估，找到发展的方向，合理确定规划目标。每个人所处行业、地域、学校等有所不同，同时每个人也有其不同的优势领域，应根据自身的特点制定规划。例如，高校把教师划分为教学型、教学科研型和科研型，这些岗位要求不同，当然也会有不同的职业规划。

第三，制订科学的、适合自身不同发展阶段的职业生涯规划。高校教师在确定职业发展目标后，就需要制订相应的行动计划和落实措施，这包括长期计划如十年计划，中期计划如五年计划、三年计划，短期计划如年度计划等。高校教师应该正确区分职业生涯规划每个阶段的特点，不应超越阶段去制订不切合实际的规划；同时也应重视各个阶段之间的衔接，将长期方向、中期规划与具体的短期目标有机地结合起来，使自己的职业规划具有可操作性和持续性。另外，高校教师必须以发展的眼光看待自己的职业发展规划，不断提高短、中、长期职业生涯规划的有效性和灵活性。

第四，适时开展评估与调整。任何规划的实施，都应包含根据实施效果的反馈而调整规划的内容。高校教师应当对拟定的行动计划和目标结合实际情况进行适时而灵活的调整。自我评估和调整的目的是在执行职业生涯规划过程中，找出成功之处加以坚持，但更重要的是正确找到不足之处产生的原因并进行调整。职业生涯规划的评估与反馈过程是个人对自己的不断认识过程，也是对社会的不断认识过程，是使职业生涯规划更加有效的有力手段。高校教师在职业生涯规划的实施过程中，应分阶段地对实施效果进行评估，以求修正偏差，更好地适应自身和环境发展的需求，更加有效地实现既定方向上不同的阶段性目标。

（二）高校要建立和完善教师职业生涯规划的各项制度体系，加强对教师职业生涯规划的管理

高校是"加强教师队伍建设"的主体之一，从一定意义上讲，高校教师职业生涯规划是教师和所在的学校共同协作，结合教师、学校的实际情况，针对决定个人职业选择的主观和客观因素进行分析和测定，确定教师个人的奋斗目标，以实现教师个人发展与学校教育效果提升的统一的过程。高校可以为教师发展提供强有力的支撑力量，不仅包括人力、物力和财力等方面，更重要的是在政策和平台建设上提供支持，还可以有的放矢地指导教师将学校发展和个人发展相结合，为教师的职业生涯发展创造更为有利的外部环境。

1. 设置专门的教师职业生涯规划管理机构和平台

首先，设立专门的教师职业生涯规划管理机构。专门管理部门的设立是实施教师职业生涯规划管理的基础，可承担教师职业生涯规划的系统设计和管理工作。高校应该设有专门的职业生涯管理部门和管理人员，掌握教师的职业个性特征、教育背景、工作经历、工作绩效、职业发展需要等职业素质资料，通过与教师的沟通并结合高校人力资源规划，就可以对教师的职业发展方向、发展目标和发展路径选择等提出合理化建议。另外，要加强机构管理人员在高校教师职业生涯规划中联系和纽带作用。尤其是科研和教学业务管理人员，他们在参与高校教师职业生涯的规划中运用相关技巧、政策对教师个体予以支持与追踪，对教师职业生涯规划工作起着有效引导、支持的作用，使高校教师可以在积极、支持、和谐的工作环境中不断完善职业生涯的发展。

其次，建立教师职业生涯规划管理平台。例如，建立高校教师个人信息库，为高校教师个人职业生涯发展提供档案管理，以便及时掌握教师发展动态；提供教师之间自由交流的平台，开办如文化沙龙、读书协会、信息茶座之类的机构，引导教师之间的信息交流；建立学术团队自由合作平台，鼓励不同学科、不同层次教师之间的科研合作与教学研究，并引入良性竞争，设立教师教学与科研团队排行榜；学校定期发布信息的平台，将各种职

业发展信息以正式渠道公布，帮助教师树立正确的个人发展目标。

2. 建立和完善教师职业生涯规划管理的有效运行体系

这一体系主要是帮助高校教师制订与高校发展目标相适应的职业生涯规划。首先，高校职业生涯规划专门管理机构在自我认知方法上拥有专业化优势，在教师的自我认知过程中应给予帮助，可进一步强化教师的自我认识，明晰自我发展的能力和兴趣。其次，在职业生涯发展阶段分析中提供有效指导，可帮助教师分析职业发展阶段及每一阶段的职业发展特点等，在教师职业目标定位中提供合理化建议，有利于高校教师更好地做好自我职业生涯发展的阶段性目标设定。再次，在职业生涯机会评估时提供相关信息，有利于教师对院校的职业发展机会做出客观的评定。最后，高校应对教师职业生涯规划的实施效果进行追踪，对教师进行职业生涯阶段性考核、诊断、职业指导并提供各种培训，协助教师提高技能和改善知识结构水平，指导教师进行职业生涯规划修订，确保教师职业生涯规划策略的有效实施和灵活运用。

3. 完善教师职业生涯规划管理制度，建立公平有效的评价、激励机制

首先，建立健全职业生涯规划激励机制。激励制度是高校留住人才，为人才的职业生涯规划提供长期动力的保障。高校管理部门应该通过完善的激励制度，帮助每一个教师制定独特的发展计划，明确每一个阶段发展的主要任务，确定需要达到的水平等，更重要的是，学校要从教师的需求、学校的发展、教师的评价三者结合制定多项激励措施，激发教师的内驱力，把各种工作压力转化为主动进行职业规划和发展的动力，从而达到人尽其才，才尽其用。其次，建立公平有效的绩效评价机制。从职业生涯管理角度看，绩效评估是进行职业生涯管理的重要手段，绩效考核的结果是教师职业发展的依据，因此公平有效的教师绩效评估体制的建立显得异常重要，高校应不断提高以职业生涯规划和管理为导向的绩效管理水平。最后，不断完善教师职业生涯规划和发展的培训体系。教师培训是教师发展的重要途径，高校应该建立健全教师培训机构，在每年的学校财政预算中提取固定并逐年增长的比例用于教师职业发展，而且在培训制度、培训理念以及培训形式等方面要不断更新，引导教师树立"终身学习"的观念，建立与教师职业生涯规划相呼应的教师培训和进修制度，以不断适应教师职业生涯发展要求。

第五章 高校师资队伍发展的特征

第一节 高校师资队伍的系统联系

高校教师专业发展三个要素分别为教师专业知识、专业技能和师德境界。下面将探讨这三个要素对高校教师专业发展的作用机理。从系统联系来看，应把发展作为群聚作用来探讨，要求教师和教师之间要互相交流，共同协作学习，在生态系统中探讨把教师专业生态发展看作教师的发展，要求教师要看重自己的发展，能很好地看待自己与同事之间、与学生之间、与学校之间以及与周边生态环境之间存在的互利互惠、相融共生的系统性关系。

一、三要素在高校教师专业发展中的作用机理

如何建构教师的专业知识是促进高校教师专业发展的关键，首先就是要将专业知识的理论融合到专业实践之中。所以对于教师来说，在专业发展期间，就是要充分利用在学校里学到的专业理论知识，将理论与具体的教育情境结合起来，不断去反思、去实践，再重构自己的知识。这种建构的过程与外在的输入和引导有些区别。建构专业知识是把自己在实际教学过程中的认识和思想应用到实践和反思之中。所以，对于实践知识的获得来说，就需要教师在大量的实践中去反思。然而由于教师之间有较大的竞争和差异，或者因为工作的安排，有部分教师并不能马上投入到教学岗位，这就导致大家通过实践建构的方式不同。因此，教师必须要有专业发展的理念，以大局共同成长为目的，消除彼此间的隔阂，并用关怀和信任互相鼓励，以保证教师在实践中不断反思，从而实现理论知识与实践知识的协调运用。

（一）学术环境→专业知识→教师专业发展

学术生态环境其实就是结合了不同的生态因子，根据在学科上的整合，资源配置的影响来利用生态因子，并对这些团队和领导进行有机整合，促使教师因素可以得到更好的学

术发展。由此可以看到,在大学学术生态环境中,是需要发挥学术环境对生态因子的影响的,可以通过以下四方面营造学术氛围:

1.组建能开展学术活动的群体

现实已经告诉我们,学术活动的开展其实是有很明显的群体性的。我们要看到这样的现实,要开展学术活动首先是要有学术群体,也正是由于群体因素的存在,才会引起学术竞争,所以学术群体的组建是学术环境营造的一个重要因素。可见,高校在学术发展上应该把推进学科整体水平当成重要的目标来做,要以提高学科的整体实力为目的并付诸努力,这是非常重要的综合性工作。这既需要有学术上的带头人发挥领头羊的作用,也需要大家整体的筹划和规划,所以如果没有学科在整体上的发展规划,则很难实现我们的预期。要组建优秀的学术队伍,就必须培养出领军人。

2.引导学术人员开展自我组织

虽然在高校之外已经有很多学术团体组建了很多非正式的群体,也在学术活动中产生了重要的影响,但这些群体主要是依据行政的力量来组建的。因此,学校在实际的学术管理上还必须重视学术人员的自行组织,完全有必要去尊重处在这个组织中的每个学术人员的个人意愿,而不是依靠行政力量过多干预。

3.支持学术的多元发展方向

在高校里,行政力量主要决定着所有资源的再分配和再组建。高校又是由多个学术团体组成的,每个团队中的学术人员从事着不同的学术活动,他们在学术团体中的分工也有所不同。随着职业管理各阶层的出现和分工,对于管理者来说,就需要分配给这些专业人员多元化发展目标和资源。

4.支持学术人员再创造

作为高校,要时刻把创新作为发展的目标,因为创新是推动高校发展的生命力。虽然,对于高校的学术人员来说,在开展学术活动的过程中,是有很多不确定性的,会经历失败的考验,也要面对风险,因此就需要学术人员不断尝试。而且,在学术发展中也要时刻营造一个宽容的氛围,只有在这样的环境中,才能点燃创新的火苗,学术人员才愿意去不断尝试开发。

(二)教育科学知识→专业知识→教师专业发展

教育科学知识是教师专业知识的一部分,教师对专业知识的获取应该采取更为宏观的视角,不仅是教师个人从工作中获取,还要强调通过与专业社群合作,引导环境对专业知识的获取。因此,在教师专业发展的推动方式上,要让教师通过在工作的主体性和工作的互动中达到完美的结合。可以说,教师在专业发展中也是以理论学习为导向的,需要遵循在学习中发现问题，通过行动研究和学习分析问题并提出解决方案，最后在教学实践中解决问题的逻辑思路和解决问题的方式，实际上，这也是教师通过丰富其专业知识并不断提升的学习过程。

（三）实践知识→专业知识→教师专业发展

教师在发展成长过程中，要在充分利用原来所拥有的专业理论知识的基础上，充分结合现有的知识，将具体的知识和存在的教育环境紧密结合，并不断付诸实践，通过反思将这些知识转化到实践中。这种对知识的重新组建与外在的灌输有所不同，是教师在和实际情境的互动下以及对自己在实践中的反思得到的。教师应该具备发展的理念并保持这种状态，以大局共同成长为目的，消除彼此间的隔阂并用关怀和信任互相鼓励，以保证教师在实践中不断反思，从而实现理论知识与实践知识的协调运用。

（四）文化知识→专业知识→教师专业发展

大学有个重要的功能就是文化传承与创新，而这个传承与创新要靠教师以"身正为师，德高为范"的理念对文化进行传承，高校教师要充分重视和感受学术权力的作用，并将这些权力适当地弱化，为教师的自主发展做好保障。首先通过环境建设和机遇的发展来发挥教师的主体作用，这样也是通过更加有效的自律来保证教师的学术职业道德。其次，对于学术人，要有意识地加强自身的能力建设和修养，形成学术人员的自我激励的机制。再次，学术人员可以在自我选择学科和专业的基础上，通过对学术目标积极选择和争取，定位好自己的学术目标，组建好学术团队。最后，学术人员能够坚强履行好自己的责任，通过在学术氛围中寻找到学术自由，并能对此积极地发挥学术的引导作用，保证学术活动持续进行，以此来激发教师作为学术人员传承学术文化。

因此，专业知识的水平会影响教师专业发展的程度，专业知识水平越高，教师专业发展的进度越快；专业知识水平越低，教师专业发展的进度越慢。

教师在专业技能上的提升主要是在通过专业态度、授课技巧、专业情意等方面实现。作为教师来说，教师在教会学生学习的同时，要把育人和服务也注入教学之中。教师是学校组织中的一员，任何一个组织都有服务的需要。所以，从高校的职能上来说，教师要提供专业的服务对象不仅是学生，还包括对学校、同事等。现在各种制度和考核，如职称、奖励、科研水平、职务晋升等各类制度，都制约着教师在专业上的发展，并且这些制度也会让教师脱离服务。

教师的专业情感和治学态度也是促进教师专业发展的一个非常重要的方面。从一般层面上来说，教师在精神上的认同就是教师对自己的职业认同，教师通过思维活动来体现出自己的心理状态，这是教师的专业意识，也是教师个人的专业思维活动和状态。因此，教师在专业精神上必须时刻把握国家的期望，融入民族的情感和时代的精神，要把爱国精神和改革创新的中国精神内化成对专业的认同、对职业的敬畏、对教师使命和美德的体现这几个层次。也正是因为教师专业精神的发展，他们才能达到专业认同，也才能全身心投入到教育教学工作中。教师专业基础的能力包括学科能力和专业能力，其中学科能力是通过对学科知识的认知来解决学科问题，专业能力则是通过教会学生学习，并且在学生的学习和发展过程中，逐渐提升服务于社会的能力。所以，从学科能力上来讲，教师要考虑如何把传授学科知识、传输学科精神、让学生对学科的思想能掌握会运用作为教师重要的专业技能。所以说，在专业及能力考核上，学以致用的能力是非常重要的学科能力，可以看到，专业技能是体现教师外在素养的标志，是教师专业发展的外在生态因子的体现。

师德是教师这份职业所表现出来的道德规范。学生是需要教师用心培养的，尽管一个学生的成长与其自身的智力水平、与周围的环境有很大的关联，但是培养学生也是教师的工作重点。可以这么说，如果教师在工作中缺少了培育人的目标，也就难以体现教师工作的实际价值。当然，这里所指的培育人，是一个完整的培育概念，是指要培养出一个有情感的、有内涵、有民族精神的人。学生在情感上的完整性体现在学生对事物的理解和对事情认知的感情。教师的道德可以通过学生的人格、学生对自身健康和安全的需要以及对美好事物的追求等发展要素体现，这些都需要通过教师灌输学生身心健康、社会公德、专业技能等意识，这也与国家教育方针里提出的要培养德智体美劳全面发展的人的要求是一致的。所以，对于教师来说，发展人的内涵就要求教师能够认知和感受到自身情感的发展，也就要求教师注重公德，明确作为公民的职责。所以，作为教师来说，就应该把个人、社会的情感和人的发展紧密结合，把提升审美感、对健康和安全的追求作为教育目标。如果把认知和发展放在首位，而不是去否定公民的义务，反而更能体现公民的义务。因为公民义务其实就是要遵守道德法则，其中，将知、情、意、行中的知放在第一位，意味着把认知作为基础。同样的，其他的发展中也是需要认知的。由此可见，教师在专业发展中培育人是要把人的完整性放在首位，并且把育人和教会学生学习融合到一起，只有把培养人格和教会学生学习结合到一起，才会真正体现教师专业发展的内涵，也会感受到工作的价值感和真正的幸福感。教师通过授课这样的过程，给予学生心理上的安全感和给学生带来信任感，这也体现了教师的精神关怀。对于教师来说，只有具备了专业上的认同并能学会精神上的专业关怀，也才可能更有效地从事专业的工作，从而也能引导学生去学习，并能结合育人和服务，真正在工作中去反映出专业精神。

由此可以看出，师德境界是教师内在的素养体现，也是教师、自我价值的展现，是教师专业发展内在价值的深化。

所以说，教师专业发展三个因素都不是孤立的，它们在促进教师专业发展上，与生态因子间都是相辅相成、系统联系和相互作用的。

二、高校教师专业发展三要素的内在联系和相互影响

教师专业发展过程中，教师个体在与嵌套环境交互的过程中获得发展。可以将角色和人际关系纳入微观系统内交互研究各个发展的基本要素，并在考察有利于推动个体发展的人际关系和角色时，引入"重要他人"概念，用于说明与教师有着相互关系的主要人物（包括同事、领导、家人、学生等）中的"重要他人"影响了个体发展的过程和方向。

同时，要关注教师不同阶段的内在需求，作为高校或管理者，要一直关心这些教师在发展的不同阶段产生的不同需求和内在需要，以帮助其得到良好的发展。比如，部分教师会在发展中产生对现实的震撼不适，会感到焦虑和自我认同感低；有的教师会觉得很难与其他教师达到有效的沟通和交流，会感到孤独。在这种时候，作为高校的管理者来说，就有必要对这些教师从心理上的困惑开始疏解，从对职业的疑惑开始解释，并能根据教师不同的需要给予不同的支持和帮助，以此来促进这些教师能够通过解决问题而实现自己的成长和专业发展的目标。

因此，可以看到，构建教师专业发展的共同体就是其中一种方式，教师的共同体是具有共同的目标、兴趣和特长的教师通过自发组织、学校引导而组建的，目的是促进教师间的交流，并能在对话合作中互相分享自己的心得和工作的体会，让教师通过努力找寻到归属感，并能建立自己的团队，教师通过发挥其主动性，能够把具有同样素质、有经验、有相同的专业背景和相似的学术方向的教师都聚合在一起，建立发展共同体，这样就能有助于教师实现发展，也对教师发挥组织协调作用提出指导，并能构建出教师专业发展的共同体，由此充分激发教师内在专业知识的提升，指导其找寻职业价值和提升职业素养，在师德师风建设中找寻其道德境界，使教师专业发展的三个要素在互相联系中取得相互作用。

三、系统联系观下教师专业发展生态的基本特征

生态位在生态学中表示物种和在生物群落中与其他生物的关系，是这个物种所处的空间位置、所拥有的时间和功能性地位上的体现。可以说，对于生态位来讲，在固定的时间和空间上，一个生态位是对应着一个生物的，若是同时有两个生物，则会造成资源的抢夺并带来资源的再利用困难，同时这两种生物间就会产生争夺，也叫作竞争，这样最终肯定会有一个优胜劣汰的结果发生。因此，可以说，生态位其实是只能存在一个生物的，也就是我们所说的生态位原理，与生态位相关联的就是竞争排斥的原理，也可以称为高斯法则。在生态位中，还存在生态位重叠、生态资源分享等一系列问题。

对于教育生态学来说，生态位的主体不仅是局限在种群之中，还会涉及教育生态系统，这里就包括了处于各区域的高等院校和每个学校的个体。因此，可以说在教育生态这个大系统中，对于存在于教育生态的各子系统和亚系统，因为在生态位中间存在着不同程度的重叠现象发生，因此对于物质流和能量流来说，都存在对这些物质的竞争和排斥。由此，可以从系统分析的角度，利用系统论的观点和系统论的方法来分析和思考教育生态问题，从中可以发现整个教育的生态系统是外界的生态环境和生态因子不同而组成不同的网络环境。由此，可以看到，在这个网络中，每个单元和因子的发展参数和影响因子其实是相互联系和影响的，也是彼此间互相协调和制约的，这样也就形成了一个结构复杂功能又强大的整体。

（一）生态位在教师专业发展中起到的作用

生态位在生态学理论中也称为生态龛，指的是各个生物作为个体来说在生物的群落里或者是处在生态系统中所占有的地位和发挥的作用。由此可见，生态位其实和其他的种群具有一定的功能关系，也是生物和处于这个环境中所承受的环境因子间相互的关联。所以生态位更多的是体现出生物在生态系统中所处的时间、空间的位置和所具有的地位。基础的生态位是在实验室条件下产生的生态位，这里没有与之时间和空间的竞争生物存在。

但是，在真正的自然界环境中，我们不得不正视一个问题，物种处在相互竞争的关系之中，对于每个物种来说，是占据着生态位的一部分的，这就是他真实所在的生态位。也有学者根据已有的空间、营养和超体积的生态位概念和特点提出，每个物种都因为时间的不同、空间不同和群落的位置不同而有不同的生态位。由此，可以看到一个物种对这些的资源的利用程度就是其在生态位上的宽度。生态位在宽度和对资源的利用上都是相关的，当资源在利用上有所减少的时候，一般来讲，宽度就会增加。由此看到，当资源减少的时候，生态位就会泛化，资源增多则生态位特化。此后，在与生态位有关的高斯法则、生态位的重叠现象逐渐被学者们所探讨和研究。

那这样看来，生态位就具备了如下特征，生态位是用来描述生物所处的生存空间特性的，也是用来描述生物有机体在其生存空间中所具备的特性的，是其在活动的空间和时间上，在活动的能量上，以及根据活动行为的特点所体现出来的营养关系以及各个种群间的关系。因此，在自然的环境中，我们可以看到，每一个生物都是有各自的空间的，这些空间在群落里有着自身的位置和状态。由此，这对于生态因子来说，各个物种就会在此存在生存的空间和生存的范围，这个空间的最高点就是物种所能存在的极限位置。对于物种来说，每一个生态维度的生存范围对各个生态因子来说都是呈现正态分布的，由生态利用率形成的曲线可以叫作资源利用曲线。

生物对各生态因子的耐受程度其实都是有一个非常适合的能量，这个量的多少都不会对物种的生命活动产生影响，所以对于生态来说，每个生物所在位置曲线的最高点或最低点就叫作所耐受的最高值和最低值，这个耐受范围就叫作生态幅度。在生态幅度中，某个资源有所利用的最高点上所对应的生态因子就是最适宜的值，离最适宜值最近的区域其实就是这个物种生存的最适宜区，离最适宜值最远的叫作受抑制区，这一区域让处于生态幅之外的生物感到无法生存。

所以从社会实际来看，物种对于生态因子所在的梯度上的生态幅反映出来的就是物种的生态位，影响这个物种的多个生态因子就形成了生态幅，这就是物种在此生态因子上由梯度不同而形成的生态位，多个生态因子在梯度上的幅度也就形成了生态空间。所以根据竞争排斥的原理，在一个生态位上我们一般只能看到一个物种，如果有两个以上物种存在，这些物种必然会存在竞争，根据优胜劣汰的原理来看就会有竞争的胜利者出现。所以从根本上来看，这个竞争胜利者就是最能使用食物，可以最大程度去利用生存的空间所产生的物种。这样的种群就最有可能生存，而不是过早消亡，并能在这个生态幅上有较快的增长。因此，可以这么讲，在自然界中，对于在生活环境、生活习性和生活需要都很接近的物种，是会存在于不同的地理区域的。因为他们如果想避开竞争，即使是同一个区域也会有不同的栖息地，比如由于时间活动、饮食等的区别，导致在相似的生态位上存在不同功能，但是由于他们存在地理的区域上不同，并且生态等值有所不同，这样在没有任何竞争或者敌害的情况下，这些生物会利用整组的资源，形成他们的基础生态位。如果彼此间是有两个相似的功能生态位，但由于他们分布在不同的地理区域，是不同的生物，则在一定的程度上也可以称为生态等值，这样就没有任何的竞争或者有其他所存在的危害了。

各生物间由于竞争的存在，对于一个生物来说，就不可能也没有其他的办法来利用他全部所有的基础生态位，这对于生物来说，所占据的生态位就是生物的实际生态位，基础生态位和实际生态位之间的差距就称之为生态位势。生物在形成自己的生态位的过程中，一直遵循生物间所存在的适应原则、竞争原则和平衡原则。生物的适应原则其实也就是生物对于出于本能的需要而要寻求良好的生态位，这种互相适应是满足于生物和生物之间。所谓的互相适应的原则，也就是生物出于自己的需要去寻找最适合自己良好生存的生态位，这样的结果也就影响生物对资源如何去运用，如何产生流动。竞争的原则主要发生于不同的生物之间，是大家对现有资源的竞争和对环境的竞争。

因此可以这么说，当处于同一个生态位的时候，这些生物必将会产生竞争；相互平衡则是指生物在生态系统中，会尽可能地通过改变而减少彼此间生态位的态势，并且相互依赖和相互平衡。开拓原则是生物去寻找那些空余的生态位，去不断占领或者开拓。通过开拓原则可以看到生物是在主动去改变自身的状况，平衡原则说明每个生物在整个生态系统中其实都是可以找寻到一个适合生存的生态位，这要求生物必须是采用最合适的竞争策略去寻找对自身来说最恰当的生态位。

对于一个物种来说，能够运用到的各种资源其实也是其生态位大小的体现，这可以称之为生态位的宽度。当我们看到资源的利用性在减少的时候，也会产生生态位的泛化现象，这样也就会导致生态位在宽度上是增加的。其实，对于生态位的宽度来说，生态位的增加会导致彼此可利用的资源也在不断增多，这样就会发生生物间竞争。由于生态位的宽度在逐渐减少，也就会不自觉地减轻彼此之间的竞争和对资源的争夺，在生物间资源有限的情况下，可以利用的资源会导致物种相互竞争产生生存的危机，但两个或两个以上的生态位在相互竞争同一个资源的时候，生态位的宽度增加则会带来可利用的资源增多，反之，就是减少。因此可以说，由于彼此所依赖的资源有限从而导致资源减少或者产生突变的情况会对物种的生存也产生影响。这样，对于生活在同一个空间的生物群落来说，生态位重叠是会产生共同分享或竞争资源的。一般来说，由于资源有限的原因，在生态重叠中两个生物很难长期在一起的，最终会导致一个物种被驱散，这样生态位的重叠就会降低，也会让两个生物在不同的位置和不同的空间里开始在不同的部位寻找到新的生态位。由此可以看到，如果没有发生生态位重叠或者是生态位分离，彼此间是没有竞争的。

（二）高校教师专业发展生态位的运用

通过生态学视角来看教师专业发展，其实也就是把生态位的原理融入教师专业发展中，即教师在专业发展过程中，彼此间的联系与竞争，是对整个系统内部的相互关联的探索。在教育生态位中，教育的生态系统中各生态因子从群体和个体上其实都是有生态位的。因此可以发现，教育生态位原理主要包括以下几方面，一个是教育系统在整个大的社会系统中所存在的生态位，教育从其本质上来说，往往是被大家放到上层的领域来探讨的。但是，教育同时又是对资源和人的再开发和再利用。

由此，我们从生态位来判断，教育的生态系统是超越生态位重叠的原理，是在整个生态系统中，超越上层建筑和生产力的统筹安排而根据人的特征来安排的。所以，我们可以看到，教育的生态系统之间所存在的竞争和排斥也是通过教育内外部两方面来体现。由此可见，在教育系统的外部，可以看到有很多其他的生态系统是处在整个社会系统所处的能量流的分配中。对于每个生态系统来说，都存在能量的输入，当总量达到某个值时，就会有竞争和排斥的现象。

同时，在各级各类不同的教育之间，各种信息流之间都会存在着相互竞争的情况，而且，生态的重叠会带来彼此间的竞争，比如在大学生中经常进行的电子设计大赛、大学生英语竞赛等这些是根据学历层次群体划分或者按照专业、非专业来划分；体育精神或文艺比赛会按照年龄或者所在年级划分，这都会使在同一个年龄和年级的人处于教育的生态重叠之中，存在彼此间竞争。又如在大学生的就业市场上，也可以看到在同一个专业、同一个学科上由于是不同学校的毕业生，也会存在竞争；但是如果大家所寻找的就业单位不在一个地理区域，大学的层次有所不同时，这些差异就不会产生生态重叠，也就不会有直接的竞争。因此，在最后，我们会发现，对于同样一个生态位上不同的生态个体，因为他们所处的位置和层次是相同的，当他们面临的是相同问题时，竞争会变得非常激烈。例如教师在面对关乎职称聘任、岗位竞聘和职务晋升等情况时，每一个教师个体此时就会竞争很大，都在充分地把自己的潜能和水平展示出来，并且可以看到，生态位重叠程度影响着竞争，重叠越大则彼此间竞争也会变大。

因此，对于同一个生态位上的竞争，是有非常重要的和积极的意义的。在这其中，也展现出每个生态的个体在竞争中不断进取，敢于争先的精神面貌，大家也在竞争中互相鼓励斗志，奋发向上。所以从总体上来说，这也就起到了促进的作用。

综合生态位的特点和教育生态位的原理，高校教师在专业发展过程中的生态位的探讨就是高校中的教师作为个体在高校教育生态系统中的地位和所起的作用。在高校的教育生态系统中对于教师在专业发展上的竞争其实更多表现在教育资源上的竞争，也是体现在学术水平上的竞争，是他们在专业技能和师德师风上面的竞争。所以可以看到，教师们既是这些教育资源的接受者和消费者，也是这些资源的提供者。作为资源的接受者，各高校教师都是在高校这个生态圈里尽所能来获取各自所需要的资源，比如由内向外吸收政策的帮助，获得资金方面的支持，在学术资源上以及对于学生和信息知识等方面都有各方面的资源；同时可以看到，他们作为资源的供给者，在接收到这些资源以后，能对资源进行再加工和再利用，并能通过资源去协调好彼此间的关系，最后通过对内部知识的再传递和再利用，对信息进行加工交流，对思想进行引导，换取资金上的运用，在学术成果上的产出而得到物质实物的消耗。同时将他们的价值也附加到教育之上，转变成社团组织和转化成社会上各个企事业单位、对各个科研院所和对政府部门各个机构提供所需要的人力资源。

而对于高校教师来说，在专业发展的过程中也应逐渐认识到，只有通过对资源的有效转化才能实现对自身的生存和发展的运用。因此，可以从中看到，在这个转化的过程中，高校教师通过对自己的专业发展中的生态资源加以利用以及协调这些资源之间的相互关系，会构成教师专业发展的生存空间，这些由多个促进的发展的资源从因子上来说所形成的空间就称为生态空间。对于任何一个高校教师来说，都希望能从中得到最大最好的输入资源，由此也希望能够贡献出最优秀和最具有高水平的输出资源。因此可以看到，对于处在某个位置上，在时间和空间范围内，高校教师在专业发展上所得到的资源使得其发生转化，也就成为某个输出资源，这种能力是非常有限的。由此可以说，每一个高校教师都是只能处于生态空间的某一个位置，这就是高校教师专业发展的生态位。

从高校教师角度来看，他们在专业发展上的生态位就是大家在发展过程中相互竞争的结果，由此，他们竞争力的强弱程度在客观上就反映出他们生态位的宽窄程度。因此，从生态竞争力的具体内容来看，高校教师专业发展的生态位能具体划分为教师在专业知识上的扎实程度、教师教学科研和学术的水平、对职业资源和吸收利用能力、环境敏感性和开发能力以及师德师风的水准等多个维度的生态位。这其中，专业理论知识和学术水平是第一个要考虑的生态位因素，因为这对于高校教师来说，是其发展的目的和源泉，也是参与竞争的原因。所以由于高校在校园环境、所属的区域和办学历程、办学层次等方面有所差异，各个高校教师在自身成长上所需要的资源类型是不相同的，所面对的资源的多少和资源的大小也是不相同的，由此大家对资源的获取和开发能力也是不一样的。

可以这么看，教师所占有的资源生态位如果窄，则说明其所占有的资源在种类和数量上都少，其开发资源寻找资源的能力相对就弱；相反，如果对资源拥有的数量和种类比较多的话，教师在专业发展的资源生态位就会相对宽一些，这样如果两个以上的高校教师在发展他们资源的数量和种类相同的时候，或者具备一样的开发资源能力时，他们在生态位上就会重叠，反之就造成生态位分离。其次，可以看到教师教学和专业技能是在教学水平上起到定性的作用，这能对教师发展生态位产生重要影响和作用。并且当教师不离开自己所属的环境时，环境作为维度变量是用于测评教师在专业发展的过程中高校教师对环境的开发程度和利用率，还包括对环境的适应度，这是教师在专业发展上的又一个因素。

教师在专业发展过程中所受到的环境对自身的影响分为外部环境和内部环境。内部环境是可以让他在自己努力程度下尽力去寻找和创造的，可是内部环境则要求高校个体必须开始适应和接受这个环境，并能通过自己的努力进行改造和再创造，使其被自己所用。由此可以看到，从市场经济的角度来看，高校教师在专业发展上必须要遵守市场运行的规律，要能够与市场服务和协调一致才可以取得自身成长的空间。所以说，高校教师在市场上对空间的占有率也就决定了教师在发展上所处的生态位和拥有的生态因子。当然，这里的空间指的是教师所处的位置空间、教师的发展途径和教师的发展目标，当然也包括教师本人对资源的获取空间和其社会声誉的影响等。所以说，高校教师在专业发展的过程中，在市场的服务上如果要避免这些激烈的竞争，就必须看到生存空间的差异化，比较相互之间的差别，也就能避免生态位的重叠。同时，对于高校教师来说，他们在竞争中互相避开彼此高峰错开时间也是能有效取得成功的措施之一。

在高校教师专业发展过程中，我们可以看到，纵观教师从个体到生物圈，无论是从自然角度还是社会角度来看，每个生物都是有态和势两方面的，其中态就是生物的状态，也是促使其运行而在内部各个部件保持协调的状态，是其在成长的过程中，能够与外界环境相适应，在相互作用下不断积累的状态。由此可以看到，态就是在彼此对资源占有的情况下，能够适应其能力和科技发展的水平；而势就是生物的各个因子在运行过程中对环境的适应力，对现实的影响力和接受程度。因此，这个是生物在增长过程中，对新事物的接受能力，对社会的承受力和经济的增长率等。所以说，生态位是生物在发展的进程中，所产生和营造的地位和作用，这也是生物单元在态和势两方面的属性，是与自然界中的生物的生态位是一样的。

由此可以看到，教师专业发展的生态位是教师在发展中相互竞争导致的结果，其中的态是教师专业发展进程中所达到的发展各个要素之间的完整性、每个要素能够保持整体性并且在各个要素之间相互协调性；而高校教师专业发展的势则是反映出教师对环境的主动适应性，是和环境在交换的过程中所实现的，是处于文化、政治、经济等各个环境中，并且依据教育和管理的关系、科研和应用的关系作为支撑，弘扬优秀的校园文化，并把教育教学设施完善和改进，规范教育的各项规章制度，能对教师专业发展进行内部的战略和规划，最终通过较强的力量来参与教育和变革之中，由此也可以从中获得高校教师在发展中对于生态系统的接受和发展。通过强大的力量促进其真正参与其中，最后可以实现教师在发展的进程中对整个教育生态的共生，明确竞争和发展的目标，这些体现就是教师专业发展的生态竞争力。

根据系统联系观的理论，我们可以看到，教师在专业发展的进程中各生态因子是互相影响、互相起作用的。因为如果是在一个生态位的情况下，这些竞争者是不能共存的，彼此间会有互相排斥和影响。但是由于大家在彼此间的结构和特征又有不平等的特性和相互间不对称的性格，由此可以看到其中所存在的不对称，也可以发现两个种群必然有一个种群被排挤掉，或者是几个种群最后各自寻找自己的生态位而产生生态的分离。所以，当处于同一个生态系统中，这些种群是不可能有同一个生存环境的，如果这样必然会有相互的竞争导致排斥，所以他们必须要学会利用各自的优势。首先是要有不同的生态位，其次要相互联系，相互依托，彼此间相互利用自身的优势来发展，而不是去竞争同一个环境。同时，也可以看到，在教师专业发展的生态系统环境中，如果有较大的生态位差异，则他们的竞争就会小，反之，则竞争程度则越大。从另一个层面上来看，他们在竞争的过程中，各生态因子在整个系统里去寻求适合自己生存的外界环境和激发内在的环境，以联系的观点互相配合、互相促进，以此来提升教师专业发展。

因此可以说，对于教师这个生态系统，任何一个教师个体都不能涉及所有的教师领域，教师也由于所处的地理位置不同，大家需要获取的资源是不同的。而且由于各高校在办学历程上、办学时间上也有些差异，导致教师在专业发展的过程中核心的竞争力是不一样的。由此，根据各种教育市场的差别，每个教师所占据的生态位会有所差异，这些教师就会处于竞争优势。由此可见，教师在专业发展过程中，所处的生态位是多维的，每个教师在不同的空间、时间占据不同的资源，这样就会产生不同维度的生态位。对于这些种群，在自然中就有特定的生活空间和自己生存的空间，在这个范围里会有自己独特的发展空间和特定的资源，这样就能有不同的空间生态位。教师是处在水平空间和垂直空间里，水平空间就是针对高校在办学层次和办学规模，比如有的是双一流，有的是省属本科，有的是高职高专等。可以看到，在水平空间的生态位上分离得越大，竞争也就越少。对于教师来说，大家在彼此的竞争也会少，所以要互相合作，以促进大家的共同进步。对于教师来说，就需要为自己定好位，并利用不同的资源，坚持大家发展的方向和目标，这样也才能够达到实现自身发展的目标。在高校的发展生态进程中，各高校教师就要根据自身的目标生态定位，根据自己的能力，尽力在教学质量、科研水平等方面被大家所认可和肯定。

不过我们也要关注到一点，对于教师来说，教师在多维度的生态位上也不是不变的，是会对他们的生态位进行压缩、释放和导致移动的现象发生的。比如，由于部分年轻的教师在学历的层次上和职称上的竞争优势越来越明显，这样对部分资历比较老的教师的科研成果就有所冲击和影响，会导致老教师的生态位会有压缩感；再由于教师专业发展的评价指标因为时代变迁有所不同，这样导致教师在发展的生态位上不是仅仅依靠某一个固定的模式来评价了，更多是带来生态位的释放。随着教师所处的生态氛围的改变，教师对环境和市场逐渐适应，并能有应变态度，他们的生态位也会根据环境的变化而有所移动，以便其更好地促进教师专业的发展。

四、环境变量对高校教师专业发展的调节效应

环境的维度是指促进教师专业发展的外部环境和内部环境。外部环境的变化就是要求教师个体能加以利用并尽快去适应和接受。因此，在探讨教师专业发展过程中，就要不断关注教师生存的真实教育情境，这个真实的情景是教师所在的学校、教师的家庭以及与社会的融合，也是课堂教学、学校与班级的文化关系。对于教师来说，内部环境其实是经过自己的努力得到的，这样教师团体、教师与学生及学生的家长在一起交流，学校、家庭与社会产生互动的情境，展现的是教师对内在促进其发展环境的接受程度。因此可以看到，对于教师来说，关注和利用教学课堂这个真实存在的情境同时，也在无形中会忽视其他的情境。更多的时候，教师往往是被人为地排斥或者孤立在真实的情景中，所以教师就要学会去利用和融入这些环境中，以实现更好更快地发展和全面地发展。

综上所述，教师在环境中发展就是把学校当作中心，并能对学校在发展中肩负着制约作用和调控作用，由此而产生的多元环境，包括家庭环境、社区环境和团体环境等。因此可以从三个角度来看，一个是通过外部来看，是自然、社会和规范环境所组成的，形成的单纯或复合的教育系统；一个是在学校这个大环境中，由各个内部机构所组成的生态系统；一个是把受教育者个体作为发展主线，探讨外界的生态环境、个体心理和生理等内在心理环境。

第二节 高校师资队伍的竞争发展

一、高校教师专业发展内动力：发展

教师专业发展是可持续发展的理念，是把生态文明作为发展的背景和动力的。其中，从生态文明的角度来说，从基础上来讲就是以生态学为基础。经济在大环境下所带来的生态文明，以及在社会系统的大环境下的生态文明都是需要我们去模拟生态系统的特征，并很好地去运用的。因为我们会看到，生态系统从根本上来说也是生产过程、消费过程的结合。在生物界里，生物是在吸收了太阳光并在进行了光合作用的情况下，去促进植物生长；而食草动物则是在植物的生长过程中去吸收能量的，同时也构成了能量的转换，并达到了能量的积累，从中也构成了一个系统的和完整的能量相互转化的链条，这有点像流水生产线，一环扣一环，一个链条影响着下一个链条。同样，生态系统其实是消费系统和分解系统的统一，物质是从一个营养到另一个营养级数间实现消费，并且也实现了微生物之间的分解。由此可以看到，在这样的周而复始的生产之中，我们看到消费和再生产，能促使各种营养物质和能量都得到充分利用。在这个过程中，生态系统周边的环境也在不断地改善和利用中。由此可见，处于自然的状态下时，生态系统对于资源来说有很高的利用率，这个资源的利用率就是指生态系统能够对物体的特征充分发挥和利用，能除去多余的不用的东西，并在单位时间内产生大量的能量。所以生态系统就是在能充分利用这些资源的基础上，对生态中阳光、热量、水质、土地中存在的矿物质都能很好地利用，并不去刻意追求这些物质的数量和生物个体的数量。

生态系统的另外特征就是稳定性和调节性，也就是有自我调节和恢复能力，这也能对外在的环境起到调节和稳定的作用。所以说，教师的专业发展是以生态文明的建设为发展目标的，对于学校的生态系统来说，这个对外的环境能起到一个调节和稳定的作用。可以说，教师的专业发展是把建设文明的校园生态环境作为目标，是融入了学校生态系统的。在高等教育的生态圈中，要努力建立一种处于教育间，能很好利用的资源、有比较强的稳定性和物种多样性，这样就能促使生物个体和组织实现相互的协调并能保持和平共处，实现各系统之间生产、消费和再循环的实现，这对自己所处的环境和外界的环境都能有稳定作用。

竞争并不是指残酷斗争和严峻对立，而是如何保证能够处于文明的情况下各系统和谐共处。所以以竞争观来看，就是要保证能够实现和平和谐共处、再循环系统反复、对资源的合理利用、对负面的调节和对自我的满意五方面。但是首先需要的就是和平和谐共处原则。在生态文明社会，我们会发现在全球大规模的人口爆发的情况下，面对工业化快速发

展，整个国家都越来越城市化，让城市这个原本拥挤的空间变得更加狭小，各种生物对现有的物质、钱、能源等再分配，这些能量在无形中也会有紧密的关联。可以这么说，对于人与人之间是否能够实现和平共处将会是一个巨大的挑战。怎么能让大家在城市化背景下实现和谐，这对于中国来说是个机遇，对于世界来说，也是机遇和挑战并存的。对于全世界来说，现在已进入了城市化的进程中，城市都要面临高密度的人口和有限的资源和信息，这也就导致他们会相互作用，相互剥夺。如何让人类实现和谐共处，这就给世界带来一个挑战。

在生态文明中的表现也可以体现在物质上的再循环，对于当前节约型社会来说，在资源越来越稀缺情况下，再循环被认为是一种节俭的表现。所以竞争也就是在对现有资源的再利用基础上，实现对资源的再循环、再造，最终找到适合自己的，能够被自己所用的资源，这也是竞争带来的优胜劣汰的原因，做到物尽其用。同时，生态在文明的国度还主要强调了在系统中存在的负反馈，这实质上是自我纠偏的机制。我们看到经济发展过快，各种项目的投资也逐渐让人瞠目结舌，甚至有很多重复的项目不断进行，这些究其原因所在，是由系统控制论造成的。也可以说，这是由于各方的利益在相互博弈而造成的，是系统内各因素对经济、政治和文化的一种反应。因此，对于社会来说，需要产生一个负反馈以便于引导和控制。在生态系统中，则是对此进行调节，这是值得大家去思考和感受的。

生态文明还表现在物质和财富上的度，这要求大家在发展经济上都要合情合理地去做，近年来比较流行的供给侧管理，就是讲述了一个在竞争下发展的道理，发展的目的是要实现需要，而不是欲求的达到。作为生态文明来说，生态文明既是对产业结构、增长方式和消费模式上有所改变，也是对大家在伦理道德感和对价值的变革。由此可以发现，更多的是对政治、经济、文化各种价值观的体现，也是对法治道德观的感受。所以说，对于生态文明作用下所有观念在转变上与社会的变化是相同的，如何去利用好地球的资源，如何更好地将地球资源进行再利用是亟待解决的问题。

教师专业发展的特征与生态文明特征在某些方面是有互相性的，教师专业发展的最终目标就是要实现可持续的发展，这里就包括横向上的全面发展和纵向上的协调发展。可持续发展在对象上来说，是对作为组织的学校和个人在教师的角度进行的，二者之间是互相为基础和互相为保障的，并且是相辅相成，互相促进的。作为教师的专业发展来说，是知识、技能和师德的三个要素互相结合，组成一个完善的系统来发展。但我们也不得不面对一个问题，现在很多高校对教师专业知识和技能的发展很看重，更多是关注教师在专业知识拥有的程度、对专业技能的掌握程度，都想看到培养出技能专家，但是对教师到底师德水平、职业道德如何反而没有关注。这在无形中，促进了教师在知识和技能上竞争的程度，但是缺少有血有肉的灵魂的竞争，这样的关注，也许在短时间内会让教师和学校都受益，但是长此以往，会让教师缺失对自我的觉察。这样的管理一是过度开发，让教师在脑力和生理、心理上都会有所破坏；二是会把教师的培养过多向骨干教师方向去发展，而违背自身发展的规律；三是会导致资源的不合理分配，会让部分专业技术不强的教师陷入自由发展的阶段，学校没有关注到他们的发展，由此导致个人发展受制约和受影响。发展是促进教师专业发展的内在动力，只有让教师专业发展在受重视、受关注情形下，兼顾可持续发展理念并给予支持，才能促进其生态平衡体系的建成。

二、高校教师专业发展外动力：竞争

（一）生态竞争的特点

生态竞争不同于一般的市场和经济类竞争，因为从竞争的自身特点出发，生态的竞争是一种对成本资源节约的竞争；而根据竞争主体之间的关系，生态竞争又是一种互利且能够促进双方得到实惠的竞争。从高等教育发展的高度来看，生态竞争还是一种互补的竞争。生态竞争是非常关注和重视竞争的成本的，因此，在考虑规划与发展的时候首先要把成本收益放在重要的位置。从高等教育竞争的整体来看，由于有很多的竞争者，高校以及高校教师在实际工作中获得的利润还只是全部利润的一部分，而不是全部，所以对于教师来说也要考虑到最大化的发展。比如跟企业竞争来说，企业就认为最大化的利润就是自己把所有的竞争对手都给打败并且获取这些对手的竞争份额的同时能获得利润，这样，企业为了实现这个目标，就会不计成本、毫无章法地进行竞争活动，这样下去的结果就是会失去诚信、失去利润和地位。所以，在高等院校采用生态竞争，就是看到了竞争这一个本质的特征，把利益的成本提高到对竞争行为优先考虑的地位。其次，生态竞争是要求竞争双方能够实现互惠互利性的，而不是大家是冤家是对手，是要互利和谐、共同合作的。

在高等教育中要实现教师间的生态竞争，就是在教师和其他教师竞争对手之间达到一个能够双赢和互惠互利的平衡点，让大家将原来互相排挤或者互相提防的关系转变为合作的关系。正如有人所说，对于现在的人来说，目标并不是仅仅在现在的游戏中取胜，而是能找到一个大家都能够取得胜利获得利益的方式，这种互惠互利的方式其实正是我们在生态竞争中大家重视与推崇的。当然，在生态的竞争中还有互补性。从目前发展的角度来看，在企业之间有互补的关系，这样就在无形中能够达到行业在发展空间上不断扩大，在发展领域的扩展上以及大家在最后实现利润增长上都有所体现。竞争者之间互补的关系是把大家竞争所带来的冲突慢慢弱化，引导大家去降低成本，最后能够把收益提高。

（二）生态竞争在教师专业发展中的应用

进入 21 世纪，学者们也开始关注将生态竞争的理论融入高等教育事业的研究中。随着我国在高等教育事业发展上越来越迅速，高等教育的国际化趋势也日益增强。这样，在市场经济的大环境下，高等学校之间的竞争也在不断激烈和强化。因此，对于学术界来说，为了能够探寻到如何能够解决高等教育竞争而实现的良性循环，很多学者都将生态竞争的理论应用到了高等教育之中。

三、专业发展三要素在竞争动力机制下的运作手段

所谓动力机制，其实是指在一个事物里，能促进事物发展和变化的结构，是事物能够

运动、发展和变化在不同的层级时的推动力量以及影响他们产生和传输所要发生作用的机理与方式。对于教师专业发展来说，他的动力机制就是要推动几个要素之间互相作用并能够实现作用的机制和方式，也是教师在专业发展的过程中，实现各种功能、结构和完善条件的总和，是内外部环境之间能够实现相互作用的方式。竞争动力机制能推动教师的发展，并促使其与内外部力量更好地实现互动，达到整体运行提升的目的，实现结构和功能的目标。

（一）竞争动力机制的基本类型

教师专业发展的内生动力机制，就是教师在专业发展的过程中发展的动力与发展各构成要素之间相互作用而实现的机理和方式。这关乎促进教师专业发展的内在因素，是决定教师能否实现专业发展的关键和有效的因素。教师在专业发展上的内生动力机制，其实能推动其内在发展，为专业发展指明了方向和明确目标，并能从中看到发展的延续性。教师的外生动力机制则是促使其外在动力所构成的要素之间互相作用的机理和方式，是涉及专业发展的外在因素，也是促进其理论和实践能够达到双向互动的各种外在的要素和影响方式，这也就包括教师专业发展理论的创新机制带来的构成要素和实践创新机制的结构要素。

教师在专业发展进程中，他的外生动力机制是其形成和发展的外在关系和机制，功能是为了增进和促进专业发展的实现，促进改革和不断创新的活力，也是能让发展从内化转为外化而带来的双向互动。在教师专业发展中，还有一个联动机制，这个是促进这些因素之间能够实现相互联系相互作用，是促使教师在专业发展过程中整合各个要素，并且能实现通过适度竞争产生激励机制，也能够在动力机制中实现动力的快速、和谐协同，以及政策的导向等，从而建立起教师专业发展的循序渐进，所以说，教师专业发展中的联动机制，是形成和发展所带来的整合要素，也是一种实质上的整合和衔接，这就能保证教师专业发展在工具理性和价值属性上达到辩证统一，也能实现为发展带来适宜的动力。

（二）教师专业发展三要素在动力机制下运作过程及手段

教师在专业发展的运行的每一个环节，都要靠一些相应的手段来保证动力机制，能给动力机制提供适度的发展，由此也会避开那些在动力不足的情况下或者动力过剩情况下所产生的障碍。可以看到，教师专业发展的动力机制有5个环节，包括动力开发、动力转化、动力培育、动力分配以及动力监控与反馈。

1. 动力开发

所谓对动力开发就是对内在动力、外在动力、动力的联动等实现开发。所以这其实也是对动力源的开发，是教师专业发展的进程中对自己的需要进行开发和利用。由此看到，对内在的需要越强烈，则促进教师专业发展的动力也就越大，但是这个需求在某些方面也不是没有度，应该遵循适度原则，需要合理和规范，是要求主体必须在一定的限度和范围内，保证正确的方向。

2. 动力的转化

这个是动力形态的潜在形式，也是需要在一定的情况下经过转化后实现的，是教师在发展中，在教师职业规范下和自己行为之间存在的转换，形成正向的链条。这个是在教育的主体和受教育的主体间，对需要的产生和对欲望的认知，对动机的激发和实现目标做出行动的过程，作为社会的主体来说，这个是对最后的决策采取行动的过程。因此，教师在专业发展的过程中，根据教师专业发展的实践形态，动力转化是在理论的需要和理论的创新之间，明确实践的需要和实践的创新之举。

3. 动力培育

作为教师的自身来讲，教师的发展是必须在保证能有持续稳定的情况来发挥其动力，由此就需要动力的积累，必须是对动力的保存、增长和发展。这样是对动力主体的培养，所以动力在培育上就是其发展动力机制必须经过的环节了。

4. 动力分配

经历了开发、转化和培育环节之后，根据分配来实现各个要素都能运用教师专业发展的动力，以便调节动力各个要素，促进教师专业发展。

5. 动力监控与反馈

监控和反馈是在动力开发、动力转化、动力培养和动力分配的各个环节之后进行的，用来检验各个环节对动力机制执行得如何，对教师专业发展促进得如何，并能否最终达到动力和谐发展的目标。

四、教师专业发展三要素的动力机制特征

教师在专业发展过程中动力机制的运行不是漫无目的的，而是有一定的规律可循。根据教师在专业发展进程中的发展大小、发展方向和发展目标，可以从动力机制的盈亏、正负向和增量以及变异等几个角度来探讨。

（一）正负动力的演变规律

所有作用在教师专业发展上的动力并非都是有促进作用的动力，也不全是能驱动教师专业发展向前发展的。所以，依据教师专业发展在动力上的性质的有所不同，可以分为正向的动力和负向的动力。这两种动力在教师专业发展上的作用也是不同的。其中，正向的动力是有着积极的促进和推动作用，而负向的动力则是有着阻碍的作用。所以，在动力机制的作用下，教师的专业发展是在正负动力的独特规律下进行演变。

对于教师专业发展来说，之所以能够不断发展，在某种层面上是因为存在着一系列能

够有效地驱动教师专业发展的正向动力。这个正动力是能与其相一致的要素，因此在教师专业发展的方向上起着积极的作用，以此来推动其发展，并能够促使其在实践上产生有实效性的作用力。可以看到，教师在专业发展的进程中，为什么能够实现不断发展，是因为教师专业发展的正向动力是一直存在并且贯穿教师专业发展的整个过程的，否则，这个发展就会因为没有外界的动力而停滞。通过教师专业发展的进程可以看到，当对于教师在专业发展中有用的正动力超过负动力的时候，教师的专业发展相对来说很顺利，反之，则会出现停滞的现象，甚至，出现发展的倒退现象。

所以说，要想让一种动力要想成为正向动力，必须符合两个条件，一个是这种动力要符合人和社会发展的一般规律。教师的专业发展也不是随意的，而是在一定规律的前提下发展的。教师专业发展的动力很多，动力的作用和动力的性质都会有所不同，但是要想成为正向动力，则要满足一定条件，这是一个对人的发展规律和社会发展规律的认知，也是教师在专业发展过程中可以按照人的发展规律和社会发展的规律来实现的发展，不是脱离这种规律的发展。第二个是这种动力最终是要归宿到人和社会发展的基础上的，这样的话，要看到一种动力是否是正向的动力，关键环节就是看其对人的发展是否有积极的作用，如果能符合人的需要和发展的需要就是正向的，反之就是负向的动力、无用和有阻碍的动力。对于教师来说，教师的专业发展是要看是否能够满足人和社会的发展作为出发点和最终归宿，以此来调动其积极性，形成一个推动教师专业发展的积极力量。

1. 教师专业发展的正向动力及表现

正向动力表现在以下几方面：第一，在教师专业发展认识上的正向，可以说，对于教师专业发展在性质上、发展的地位和发展功能上，如果认识是正向的，就要看到教师在专业发展中社会价值。第二，在教师专业发展实践上的正向。对于教师专业发展来说，各方都要积极主动地发挥能动性，要做到理论和实践相结合，并且做到理论和实践能够紧密结合，能通过认识和实践，紧密结合理论认知和感性认识，由此来推动教师在专业上的发展。第三，在教师专业发展理论上的正向动力。教师对处于发展理论上的正向动力，其实就是在理论上的创新。

对于在生态发展论下教师专业的发展思想和对于在生态竞争排斥论下教师专业发展的有益部分和合理的成分，需要不断地去创新和发展，这是在生态文明的指导下来发展教师专业发展的理论。因为教师在专业发展中发展的内容上是拓宽的，从中也可以看到价值观的科学性，这个在伦理上的道德、经济论的道德以及生态论观点形成了一系列很有特色的崭新的教师专业发展内容，这使得教师在专业发展的理论创新上能始终保持与时俱进、不断进步的精神状态和精神面貌。这也让教师的专业发展理论与实践不断吻合，能够不断去满足教师在专业发展进程中实践的需要，能保持住教师在专业发展上强大的生命力和动力，激发其在发展中内在的实践力。

2. 教师专业发展负向动力及其体现

对于教师来说，在其专业发展的进程中，也有很多负向的动力。这些负向的动力，也就是教师在其发展方向不一致的时候所带来的动力构造要素，这对于教师的发展来说是有阻碍作用的，甚至也是会将他们引向歧途的动力。当我们将一种动力要称之为负向动力，须具备两个条件：第一是这种动力违背社会发展的规律，第二是这个动力会阻碍大家的发展，并能产生一些负面的影响。形成负向动力的原因很多，主要体现在以下几方面。一是表现在对教师专业发展的认识上，如果没有认识到教师专业发展是在人的发展和社会的发展中起着重要的作用，就不会重视教师的专业发展。比如，很长时间以来，就有人形成了一种教师专业发展是没有意义的思维定式，这个主要是来源于以前很多对于在效率问题的研究中，大家都只是看重经济好坏，技术高低，而不会去探寻这些以外的因素，因此也就是只会看重利益的影响而不是看社会的责任感和大家的公共目标是什么，只是强调外在的物品的价值而不看内在的人的价值如何实现，这样对于教师专业发展、对经济的发展，特别是对推动生产力的发展来说不是真正有意义和有作用的。这些会产生听起来是非常重要的，但真正执行起来不重要，忙起来又是不需要的形式主义上的教师专业发展。二是在教师专业发展的实践工作上，一方面是由于各个教师在发展的过程中，由于大家在对彼此的决定，对内容和最后使用方法上不一样，因此从客观上来说就会对发展起到阻碍。另一方面，在主观原因的驱使下，会导致这些发展逐渐变得功利化，会成为一种形式化和工具化，也就会阻碍了教师专业的发展。三是在教师专业发展呈现的效果上，当我们看到由于社会转型所带来的挑战，人们会对这些产生困惑或者迷茫，加上教师专业发展在方式方法上也是存在一些问题，所以发展的效率比较低，发展还不能完全被大家所接受，甚至也会产生一些信任危机和对这种发展是否合法的认定危机，这些都给教师专业发展产生了阻力。

以竞争发展来探讨正向，就是在教师专业发展过程中，在生态圈里，教师个体对所面临的竞争而起的对应方式，若能利用竞争所带来的专业知识水平高低的冲击、专业技能所带来对教师职业的认知以及发挥好作为教师的师德所应该具备的水平，就能变压力为动力，成为教师可持续发展的正向动力，反之为负向。

（二）动力盈亏的联动规律

教师在专业发展的过程中，发展的动力是动态发展的。所以，根据教师专业发展动力的强弱程度不一样，可以看到存在动力的盈余和亏损。比如，处于某个时期，由于动力会过剩，而导致对促进教师专业发展的动力有所盈余，有些因为动力不足的情况下又会出现亏损。所以，不论动力是在过剩的情况下还是在不足的情况下，都不利于教师专业发展。

1. 教师专业发展的动力盈余

这个盈余是发展中的相对过剩状态。教师在专业发展和竞争中的唯一性、万能性和超越性，都是教师专业发展极端化的动力盈余表现。

2. 教师专业发展的动力亏损

教师专业发展动力亏损是指教师专业发展动力相对不足。教师专业发展无用论、教师专业发展过时论、教师专业发展合法性危机论等理论和实践，都会削弱教师专业发展动力，是教师专业发展另一种极端化的动力亏损表现。

3. 教师专业发展动力机制作用下动力盈亏的演变

教师的专业发展在动力机制的作用下，动力的盈余和亏损是会相互转化的，可以从以下几方面来理解：第一，动力的盈亏从本质上来讲并不是唯一促进教师专业发展的条件，但是因为它是伴随教师专业发展而出现的，也就能对其产生或促进或协调或阻碍的作用。第二，教师在专业发展中动力盈余和亏损本来就是辩证关系，在某方面盈余其实也会在其他方面亏损，这些因子是可以相互转化，互相有影响的。第三，教师的专业发展必须尊重教育的规律和教师成长规律，并与社会生活世界紧密结合。第四，教师的专业发展的动力盈亏表现在教师在专业发展中的机遇和挑战，这个是对教师的专业发展和变革有一定促进作用的。第五，教师的发展动力机制就是要在动力非常充足甚至过剩的情况下放缓，在缺少动力的时候不断加速，使得教师的专业发展在动力盈余上达到平衡，而让教师的专业发展处于一个适度的状态。所以，对于动力过剩的教师专业发展要有缓冲的机制，对于过剩的动力要进行动力的疏导和政策方面的导向作用，使得教师在专业发展方面的盈余动力能够有一定的引导，但又不至于挫伤教师在发展上的积极性；而在动力不足的时候，又能起到加速的作用。这样就能在进行利益的激励情况下，竞争又比较适度的时候，不断激发活力，调动动力的主体潜能，以增加教师自身发展的动力。

（三）教师专业发展动力增减的变异规律

教师的专业发展是动态的、变化的，这样动力的每个方向就会有所不同，教师专业发展的动力可以叫作动力的增量或者叫作动力的减量，动力增量就是针对动力会增加，反之就是减少。

在针对教师专业发展的动力问题研究中，还有个所谓增量动力，即是在一个时间范围内，所看到的动力增加和保持的变化，这是决定专业发展能否持续、快速健康发展的关键所在，是有其独特的演变规律的。教师专业发展的科学化则是把专业发展视为一个有机整体的过程，是建立在对教师专业发展内在特征的把握上的，是把教师专业发展的思想、理论和方法作为指引的目标所在。根据发展过程中的具体要求，统筹分析和处理，以此实现教师在专业发展中取得实效。所以说，科学的教师专业发展是发展的客观时代要求和满足实践上的需要，是能推动教师专业发展的，这也是让我们能够去研究和领悟其发展的规律，依据其发展的规律，去实现在发展途径上和方法上的创新。所以规律从哲学上来讲，其实也是事物和事物之间的联系，是本质上必然的联系，这就是规律的特性。现在看来，规律是可以分辨出是否为科学的。

如果把教师的专业发展认为一个系统，就是要符合教师专业发展的规律，并能把所有教师在专业发展中看成一个整体，就能准确把握教师在发展上的关键规律所在。教师专业发展的规律性也可以说教师专业的发展是一个过程，在这个过程中，要时刻掌握好教师身心的发展和教育的规律。明确在不同阶层和阶段下，在不同情形下有不同的水平，因而对教育的需求和发展的需求就不一样。教师专业发展在内容上，能有不同层次和类别的教师教育活动，使得这些都有针对性和科学合理性。

教师在专业发展过程中，这个整体的特性不仅说明发展在主体上、内容上和过程手段上会科学化、合理化，而且也体现在思想、理论和组织等各方面的科学合理化，涵盖了教师在政治、思想、组织制度等各方面科学化，贯穿教师的各个发展阶段。所以说，这就使教师专业发展整体走向科学化、制度化、规范化的轨道，形成了综合和全面的发展机制。对于教师在专业发展上，发展的规律性和整体性是密不可分的，这既要求在整体的视野下把握规律，又要求教师要本着平等、合作共赢、民主进步，并能积极调动教师的发展积极性和动力来发展。实际上来说这也是在教师专业发展平等关系的基础上的发展，人们可以参加到专业发展的政策制定和专业发展的管理上，也能够充分地行使发展的民主权利。所以，对于教育在向着多样化发展过程中，这不仅是实现自身发展的需要，也是对整个教育系统的发展。

教师专业发展的发展过程是由各种动力构造要素相互驱动的必然结果。在教师专业发展的过程中，事实上面临着教师专业发展的动力盈亏、正负动力、动力变异以及动力增量等各种变数，而每种情况都有其独特的演变及发展规律。我们必须在理论创新和实践中不断探索各种情况的演变规律，进而把握规律，尊重规律，按照教师专业发展的运行规律推动教师专业发展。

第三节　高校师资队伍的平衡共生

可以看到，高校教师在发展的过程中，所处的生态圈相对来说是比较简单的，这样也就导致生态的资源是很有限的，生态的环境也受到了限制，这就需要我们的教师在教学活动的过程中，不能单枪匹马，各自为营，把自己放置在一个孤独的和相对隔离的状态。如果是这样，就会导致教师间缺少分享和互动，也会让大家在发展的过程上产生无能为力感，也会有对彼此的疏离，尤其是在当今这个发展迅速的时代。由此，大家相互联系，相互交往就显得非常重要，教师在发展过程中也在寻求平衡和发展的机会。

所谓共生就是指两个不同机体之间保持互惠互利、紧密合作的关系。共生已经从作为重要的生物概念发展成共生哲学的思想。共生也是一种思维方式，是对自己的认可和接受他人的一种相互依存关系。因此说，共生是达到"万物并育而不相害，道并行而不相悖"的局面的。共生一共有四种含义，一是人和自然的共生，也就是让教师和学生走入自然，接触自然，在大自然的青山绿水、日月星辰中去叩问历史，访问宇宙，与万物为友、与自然为伴，这也是最基本最基础的共生。二是人和文化的共生。人要遵守和接受不同的文化带来的价值不同，肯定文化间的差异，并且重视教育过程中由于性别、阶级和地域等问题带来的差异。三是人和人之间的共生。由于在教育活动进行的过程中，教育的主体之间都是平等的，是互相影响的。因此，教师作为这个平等的团体中的主导者，必须以积极的方式去引导学生，去指引学生建立一个平等的氛围，营造民主的氛围，并尊重各自主体之间个性的表达。四是群体与群体之间的共生，要认识社会中各社会关系，把每个人都作为世界的一部分来看待，并且在相互交往的环境中，教师要在生活组织和共同体中发展并汲取营养。

共生包括共存、共为和共荣，这三者之间互相联系、彼此相互依存，这既是一种理念的指引，也是一种方法和实践的共存，意味着教育对外界的开放。在教育的历程中，接受和尊重相异的因子而产生的差异，这种差异也就成为共存理念下大家能够不断运用价值，对蕴藏的隐性资本利用和接受，也正是这种存在的其他因子，引导教育拥有不断的源头活水，成为源源不断的历程。所以说，共生中的共为其实更多也是对这个历程的一种体现。在共为中，教师是这个生态系统中重要的因子，生态系统的平稳发展、和谐进步是系统中各个要素共同努力的结果，也就是各要素在协同互动的过程中实现系统健康运行的重要保障和重要过程，具体来说共为应该包括过程前的共同存在、过程中的共同运行和过程后的共同反思，这是三个不可分割的层面，其中，过程前的共同存在意味着目前的任何决策都要在各主体在场的情况下产生，这种存在不仅是指形式上的存在，更关键是要有话语权的存在，也就是说能在这里参与到决策的主体作用，并能对最终的决定起到实质性的影响力和作用；过程中的共同前行就是指系统作为共同体在行动，也就是共同体的各个成员在共同的愿景指引下通过对话共享所拥有的资源，并能形成积极的互相依存的关系，通过真诚合作的方式开展工作；过程后的共思就是一种合作反思过程，当然也是提倡要在个体内进行反思，目的是要通过团体的总结交流实现经验的再生成和资源的共享。现在看来，共荣就是对管理结果的规定，这要求管理不是出现剥削者和掠夺者产生的单向受益的关系，而是管理相关者均受益的过程，这也更能体现出道德的特性和作用。

一、高校教师专业发展的外在规约

对于高校教师来说，教师专业发展的过程是需要大家参与民主、互相交往一起协商的，也是显现出价值的多重性和彼此的差异性。针对教师的个体，教师在专业发展的过程中，呈现出生态位的分化，也能让大家看到教师在专业素质上体现出来的个体差异。由此可以让大家看到在分化的问题上，每个教师的个体差异体现在专业素质上，并且大家由于角色和地位的不同，所发挥的作用也是不同的，彼此在发展过程上都有自己的发展生态位。当然，用发展来带动平衡，去探讨生态规律在发展中的意义和摸索对教师专业发展的评价方式。这些多样化的指标，采用了多样化的评价方式，由此需要尊重教师的人格并且尊重教师的尊严，并要去激发教师主动发展的需要，多元化的评价指标和评价方式，会对教师的发展提供可发展、可看到的前进目标，并且能够通过营造良好真诚的合作氛围，让教师间互相合作，这样就会有良性的互动和互存共生的机制在里面，这本身也是一种教育生态化的体现。

二、高校教师专业发展目标诉求的价值取向

（一）外延价值：教师作为"社会人"的价值体现

教师的专业发展程度体现教师社会属性表现的程度，这个是将教师置身于社会大众的观点下，用职业特性来展现其功能上的体现。由于社会在获取社会资本的利益时往往会忽视对教师作为人力资本所带来的价值上的诉求，这也就否认了教师正当的价值需求。对于教师在人力资本上的价值可以从教师在人际关系上、职业能力的培养上和终身学习的态度上来看。从教师人力资本上来看，这是多方面发展的结果，教师作为对资本的接受体和施展体来说是开发者和利用者互相作用的结果，这是教师在专业上的发展，也是教师去探索自身在人力资本发展上的途径。由此可以看到，教师的人力资本是对教师专业发展有着反作用的，二者是互相有影响的。

所以说，从人力资本的发展过程来看，人力资本对于教师来说，是反作用于他的发展过程的，并对其有影响。由此，可以看到，对于人力资本的筛选和假设，从教师在受教育的程度与教师在工资收入上的水平呈现正相关的关系。对于教师来说，他们对功利的渴望和对功利的欲望让他们有意识地去追寻优质的生活，而屈从于对学历上、专业进修上、荣誉竞争上和个人财富上的需求，也是能导致教师在获得利益上缺失了基本的价值。所以说，从劳动力市场上来看，这个市场划分的力量不同于劳动力在劳动主体市场上所受到的待遇差别。对于教师来讲，教师在劳动力市场上的地位决定了他们的位置，地位的高低将对其评判其社会价值有影响，也对教师的专业晋升产生影响。

因此，从教师专业发展中的社会角度来说，首先是要确定教师在发展中的社会价值需求，既要体现出社会对教师专业发展的认可，也要看到专业发展是教师作为职业体现出来的社会功能的优化和社会价值。从教师的社会价值的发展理念上来看，应该将教师置身于现实中，研究其所起的作用，要本着公平、公正和公开的原则，把教师作为一个社会的角色和彼此间内在的联系。对于社会来讲，社会在发展的过程中能允许教师自身的质疑，因为对于教师来说，如果教师对利益或物质有正当需求的时候，会让人误以为教师是没有师德和没有基本的教育理念的，是过于追求利益的，这样把本应该给予教师的正当利益和需求反而给剥夺了，并打破教师在发展上的价值体现，这样也无形中加快了教师作为社会角色来说内在的发展，无论是作为公众还是作为教师，都要认识到教师作为专业发展者所带来的社会常态化，以便更好地确保教师能够受到大家的重视，受到公平公正的待遇，以实现教师的价值化。除此之外，对于教师来说，还要得到大家对其广泛性的、理性的价值认同和认可，因为教师由于其特殊的角色，保证其享有较高的地位，也会反映出大家对高尚情操和无私奉献精神的认可。

所以说，教师在专业发展的过程中，追求个体社会化和社会个体化，使教师在自己和外界环境中产生碰撞，也对自己在社会中所承担的生态价值有所疑惑，从而形成了彼此之

间的个体价值。教师在社会中，如果想在既有信任又存在挑战的境遇中去得到和实现自己在教学上和课堂上的需要，就得尽可能去通过对机会的把握和对信息的整理来实现最全的提升方法，去体验更多不同的学习所带来的变革和认识。在坚持和发展的原则和机会下，体验不同的学习经历，经历变革的意识，要坚持把各种资源调动起来促进自己的发展。而且教师也要把社会化进程作为发展的目标，这也能把学业的实现和逻辑价值的实现转化为自己中长期的目标，由此能在目标的指引下实现将教师的专业发展转变成往复的线性过程。

对于教师来说，要不断增强自身的经历和丰富生活和教学，要在外部的支持下让自己始终保持热情。并且对于教师来说，要让自己的专业能力的情感和外部环境的变化保持一致，避免专业知识被泛化。所以说，教师不仅是要对社会的要求给予一些反应，对社会的规范予以回应，也要把自己的价值反馈给社会，并在教师专业发展的进程中打造好良好的沟通交流和人际交往的氛围。要让教师有互相帮助的意识，并能够接受和倾听他人的意见，积极包容他人的错误，同时能开展批评与自我批评，也同时能够处理好学生以及自己同事和领导之间的关系。

教师还需要具备职业素养，因为教师专业发展的动力源于对自我实现的需要，所以不能把当教师职业仅仅看作谋生的手段，更要本着遵照职业道德伦理和有职业理念去开展工作，依据公平公正、诚实守信、尊重和宽容的思想去体现出教师作为社会人的价值，而不是孤立体现自己，更不是将自己置于个体之中，而是要把自己作为团队中的一员去展现社会价值的属性。

（二）内生价值：以自我需要满足完善生命内涵

教师在个人的发展过程中，是看重自我价值实现的需要的。因此，在一般意义上来说，分为社会需要和自我需要两个层面，社会需要其实就是教师个人对社会和对他人所肩负的责任和做出的贡献，是教师能创造出自我价值的体现；而自我需要则是社会对教师的尊重和满足，是教师对自我价值需要的满足。对于教师来说，奉献和满足都是需要，而且两者是相辅相成，缺一不可，密不可分的。专业发展的过程就是教师在完成自己的工作后，能满足教师自我发展需要和实现教师承担了自己所承担的义务后，同时也满足教师自我发展的需要和权利的过程。所以，在关注教师生命价值的专业发展中，教师应该作为发展的主体，开始并完善作为职业人的社会学需要。

依据马斯洛的需要层次，人的需要包括生理的需要、安全的需要、尊重需要、爱与被爱的需要和自我价值实现的需要及潜在的超越需要，而从教师自身的需要来说，教师有着满足其专业发展的和发挥其潜在能力的需要。这些需要之间是相互作用和相互影响的，也是教师能不断发展和实现的，由此可以看到，对于教师来说，教师的需要和存在是有必要的，是让教师能用批判的眼光去面对、掌握和觉察这个世界，并且不断追求自我，创新自我。现实的需要就是在需要的推动下，不断对真善美有所发现，并不断努力追求的过程，这样教师自身的专业素质和专业结构也得到完善和发展，人格魅力得到提升，也就更有利于教师教育发展的过程。

因此可以说，教师在层次上的不断发展的过程其实就是教师在科学研究上不断提升的过程，这也是教师对于自身层次主体思想建构的过程。可以说，对于教师的需要的满足是促进其发展的内动力，也是教师在人格价值实现上发展的动力，所以教师在自我发展过程中，不断地提升，不断地进步，也就能让自身的人格价值不断体现从而促进成长，这个也成为教师专业发展的内在动力。所以说，为了更好地把握和坚持在两个价值评价标准下教师专业发展的特征，我们要体现教师的生命价值，并把生命价值的实现作为教师专业发展的动力，这也就形成了教师在专业发展上的合力。这对于现在的教师来说，实现社会的价值而忽视了自我的价值，今后，就要注重教师专业发展个体的活力和竞争力，不断去完善教师自身的生命内涵，从而实现超越生命、领悟生命、体验生命，最终实现生命价值的统一。

对于教师来说，必须要尊重生命的价值取向，这就要经过以下几个努力：一是必须要尊重教师作为个体的生命。因为重视教师的专业发展，其实就是希望能在教师间营造出一个真善美的氛围和环境，能让教师间开展对话交流，而不是成为学校满足其利益实现的目标，这样长此以往，就会让教师慢慢地迷失自己，慢慢地失去发展的内在驱动力。所以，要逐步转变关系，把我和你、我和他等关系转为我和我的关系。因为我和他更多体现是对利益的追求，对主体和对任何事的占有和利用，并且有主体和客体之分，但我和我就是把自己作为发展的主体，从自身需求去寻找、去依赖，并且两者之间互相为主体实现目标。因此，只有在建立好了这种关系的情况下，再开展专业对话，才能够实现对生命的尊重，对自己人格的一个升华，才能更好地开展专业活动。二是能在发展的过程中，不断完善教师在生命发展上的内涵。生命内涵的完善从发展上来讲对于教师在个体生命的需要上和教师自身的发展壮大上来说是非常有必要的，也是教师能够逐步实现自我，完善最优的自我，展现其独特个性的。教师在专业发展过程中，就是要形成最好的自我，要有独特的个性去发展。教师作为发展过程中的生命活动主体，要根据自己所建构的环境来促进发展。

对于教师来说，由于大家的人生经历不同，也就让每个人有不同的生命内涵和对生命的解释，所以大家就要秉承自主发展意识，在原有的教师特征基础上，来发展教师的潜能，对于每个教师来说，教师的发展是有很大差异的，不同的教师有着不同的发展的优势结构，这也就会影响教师专业发展的方向。由于教师发展的基础是不同的，因此教师在专业发展上就有不同的优势结构，这其中就会影响教师在专业发展上的方向和速度。由此可见，教师的专业发展应该是在各种手段和方式上找寻自身的闪光点，并且向着这个方向努力去挖掘潜力和对自己来说的发展空间。由此可以看到，教师的专业发展活动是通过活动去展现自己、挖掘自己的过程。

教师的专业发展虽然受外界环境的影响非常大，但是，在某些特定的条件下，其实教师的主观意志对于生命的发展影响更大。特别是在现在这个多元的社会，教师的自我发展能力更是对其个人的发展具有不容忽视的作用。所以说，只有那些具有独立人格，并且对自己的命运负责的教师才能掌控自己的命运。教师在专业活动中需要从理念入手，把握自己、发展自己的能力。对于教师来说，要尽力在一个自由的环境中去成长，要有自由、和谐的文化氛围，只有这样，教师才能有意识地去追求完美的人生，能自由创造自己的生活。当然，要实现这一切，首先的前提是教师要把握好发展的主动权，能够自我管理；其次教师是要有不断实现自我超越的意识，这种超越是对自己有不完美的要求，并且能把实践和自我的意识紧密相连，认识通过对自我意识的超越和感受自我中去发展，只有通过反思的过程，发现不完美的地方，才会去主动改变自己，让自己向着完美和理想的状态去努力。所以，对于教师来说，真正融入这个环境中，用共生的理念去获取生命的超越和价值的实现，其实也是教师内在价值实现的需要，是对其内在素质的一个道德的升华，是对教师价值体系完善所做的工作。从教师个人来说，其实自我发展的过程、价值实现的过程，也是教师在不断反思自我、创造自我的过程，是不断对自我超越的过程。

教师的超越表现在两方面，一个是自我超越，由于不完美的存在，让大家在意识到不完美的同时，不断去突破和超越自我，并尽力将不完美的自己打造得更加完美，去设计和重塑自己，创造自己的形象，这样让自己向着理想的目标慢慢靠近。当然，作为教师来说，也要承认和认可不完美的存在，只有这样才有发展的必要。

可以说，教师在自我发展上不论是因为外界原因还是由于自身的需要，都要重视创新创造能力的培养，从而提升教师生命的意义。这种对自身意义的关注，其实也是对自己创造性的关注，不是一味输入的，是对于人来说存在的必然。由此，从某种意义上来讲，人是以意义作为生存的本体的，一直在寻求意义的真谛，去找寻意义的本质。教师对生命的最大的超越其实就是教师对生命意义的追寻，是教师在关注生命价值的时候，引导教师通过专业活动去探寻生命的意义，去关注教师如何能实现真正的关注。虽然每个教师的表现方式是不同的，有的是为名，有的是为利，有的是为了国家和民族，有的是为了自己和家人，但是他们都要面对发展的意义和价值。所以，就要通过专业发展，去引导教师去思考这些初衷，去引导教师追问当初的原因，更要让教师去思考如何保持初心。对于教师来讲，就要从生命的视角来看待和思考问题。因此可以说，凡事能够发展教师的活动，都是有生命意义的。在越来越追求个性化发展的现在，如何找到生命的意义，也是教师要面临的问题。去关注教师专业发展就是要主动思考生命的意义所在，并能有意识去提升，考虑如何去超越。

教师在发展的过程中是以实现个人的内在价值为目标，是教师专业发展的社会价值和内在价值统一的过程。因此，我们不但要把握教师自身的职业特征，也要去深刻体会教师的生命内涵，并将其作为自己在价值上的需求。这在做的过程中，其实也是一个平衡与抉择的过程，是去实现理想效果的过程。所以对于每一个阶段的教师来说，在不同的发展阶段，就要审视自己、反思自己和发展自己，并能发挥自己的主观性和能动性，能时刻去保持自己强烈的自觉性、积极性和创造性，展现出自己独特的个性和自强自立的风采。

三、高校教师专业发展目标诉求的实现方式

作为教师来说，无形之中成为学生和社会之间的彼此联系，形成纵向关系。教师是学校和学生之间在知识和技能传播上的传授者，教师也由此成为大家的枢纽，能够立足于时间，使教师在发展过程中逐渐走向成熟。成熟是让教学行为完善，被学校和学生所接受。比如教师进行课改，就是在教学的过程中，发现教师教授所遇到的问题，通过注重教育教学的课程与教师一体化的实现而达到以课程研究来带动教学方法改变的过程，也是让教师在专业发展的进程中，逐渐走得更加规范和科学。所以说，教师在系统性和发展性的基础上，不断整合和不断利用大家在不同阶段的价值体现，这些不同的价值立场也形成了大家有不同的需求和对问题的不同解决方式。教师在专业发展进程中，是以获取综合价值的实现为目标。

以社会尺度为根本的教师专业发展是从综合规约出发，着力于教师的发展和学生的发展，教师专业发展在发展的历程上也是教师作为个体在各种环境的作用下受到环境因素影响时互相循环运动的过程。所以，教师作为专业发展，在发展的过程中受到时代的影响和环境的影响，对于教师来说这是为了形成教育的价值规范，是依赖教师的生存和影响的。由此可见，以教师为本的尺度是会牵制和影响以学生为本的尺度发展的，教师作为知识的传授者，是为了把知识和技能传给学生，是为了能去培养学生的人生观、价值观和世界观，而这也与学生产生了关系；以学生为本的发展在某种层面上会影响以教师为本的发展，学生是作为接受教育的主体，在接受知识的同时不断对自己的知识进行内化并将其反馈，这样促成教师对自身的教学成效和专业价值进行反思。所以，以学生为本、教师为本和社会为本这三个不同的价值维度都是互相影响，互相发展的，也能彼此在价值上传递。所以在教师专业发展过程中作为高校，为了促进共生，可以从以下几方面实现。

（一）高校以融入为目标为教师营造价值生态圈

共生就是要抓住共赢、共存和共荣，作为高校来说，就要想着怎样为地方经济发展服务来体现教师专业发展的价值。根据地方产业发展和区域经济发展需求，学校可依托重点学科和特色专业，积极开展与企业、行业的协同创新。例如行业学校是学校与行业、企业深度合作的，包括开发以行业和高校合作的"课程模块"。具体实施可在学生完成规定的公共课程和专业基础课程后，让学生根据个人兴趣和所具备的素质进入到某个行业学校选读开设的专门课程模块，采用项目化的管理教学法，通过在创设行业的具体工作环境中培养学生企业实践参与能力并建立对行业的认同。大学所设置的专业应主动对接区域产业需求，形成专业群对接区域产业群。学校设置的专业要主动对接区域主导产业链、特色产业链，要围绕主导产业链、特色产业链打造专业群，将学生培养成适应地方区域生产、建设、管理、服务一线的高层次应用技术技能人才，达到毕业和就业的无缝对接。

学校也可根据社会经济发展趋势，构建以企业专家为主的专业建设的咨询会，在学校中对专业设置、改革教学和师资队伍的培养上、课程开发、实训基地建设以及毕业生就业

途径的开辟等方面提供有价值的信息。可定期由学校专业负责人将专业建设、专业发展中的情况和有关问题向委员会汇报，经委员会讨论给出指导建议。学校和专业委员会成员都要重点围绕某一方向开展应用性研究、技术开发研究、产品开发研究、成果转化推广研究等。专业建设必须要符合区域特色产业现实发展需要、符合相关企业技术研发需要、符合学校相关专业建设需要，也就是说必须满足"三个符合度"，从而实现学科专业建设一体化。对学校来说，也要建立专业评估制度，完善基于评估监测的质量机制，为保证专业设置符合行业和企业发展的需要，可组建由行业和企业专家构成的教学指导委员会、辅导员和专任教师组成的就业指导委员会以及就业指导中心等机构，实施以"就业竞争力、生源竞争力、人才培养实力和就业满意度"为主要指标的专业评价，定期对不合格专业采取预警制度，并可以按要求建立教学情况档案，促进各教学部门人员对主要教学环节的监控。

（二）教师以共荣为目的促进教师自身和谐发展

教师专业发展生态，是在以提升教师专业水平、学术道德标准，以师德培养为目的生态进化进程，是本着生态系统、协调和平衡的特征，将教师与其生态环境、文化、制度等构成了一个有机的与其专业发展密切相关的生态系统，其运行规律也就是教师的成长规律。一是以引进来，促进教师实践能力提升计划。从行业企业聘请国内行业专家、企业能手担任兼职教授，定期选派专业教师到合作单位参加不少于3个月的专业实习，支持教师考取行业特许资格证书，激励教师提升创新实践能力，提升双师型教师的数量。同时，教师应合理规划自己的专业发展，明晰自己的职业发展目标，合理评估自身专业发展的状态和水平，对所从事的教学工作具有接纳和肯定的心理倾向和能力。大学里除传统的文献信息资源库外，应重点开发与行业、企业密切相关的各种特色教学资源库，从而实现学校教学资源与企业资源的最大化整合，实现课内教学和课外教学的高度统一。大学的每个专业都与一个或几个行业紧密合作，都与该行业中的若干企业合作，一所大学几十个专业，与之合作的行业有几个、十几个，合作的企业成百上千家，充分挖掘这些企业资源、开发利用这些企业资源和师资资源。二是以"三能"教师建设为目标。在大学中任教，仅仅是"双师型"专业课教师是远远不够的，还必须是"三能型"的专业课教师，既能讲理论，又能指导实训，还能与企业共同进行技术研发。没有一支这样的"三能型"师资队伍，就根本无法实现大学的办学目标。因此，建设"三能型"师资队伍是高校建设的关键点。学校一方面通过让教师到企业挂职锻炼，实际去了解企业对学生的要求，培养自身的动手能力，并且学校教师和企业技师共同组成教师团队，实现科研成果直接转化为生产力，另一方面通过建立外在的督促机制，引导专业教师达到"三能型"教师的要求；并通过提高教师的待遇、以心理情感激励和经济待遇激励等建立内化的能动机制，提高专业教师参与培训进修的自觉性。

（三）以顶层设计为引导促进教师的共赢

管理制度是通过规约教师与学生的行为协调教学活动中的各种关系，保证教学活动的正常运行和控制教学活动的方向，从而保证人才培养质量的实现。教学管理制度之间通过一定的相互关系和相互作用构成了管理制度体系，形成了人才培养的管理制度生态。一是以顶层设计为指引，完善产教融合的制度建设。转型的高校要通过顶层设计，以产教融合为重点的校企合作模式，推进教学、科研、人事和管理服务等一系列制度建设，努力建立符合大学办学定位的现代大学治理结构，推动学校转型发展。在学校环境中，学校其他制度、政策对于教学管理制度的制定与执行具有重要的影响，制约着教学改革制度的效力和效果。学校生态系统处于社会环境之中，学校制度又受到社会相关制度的强力制约，社会制度的缺位和越位都会对人才培养及其质量形成产生重要的影响。管理制度生态功能的有效发挥需要管理制度的结构完善和功能协调，需要内外制度的协调一致和相互支持。二是严格执行淘汰制度，促进教学质量的建设。我们的大学可在原有重修、留级、劝退制度的基础上，严格落实课程标准、实践标准、作业要求、考试标准；严格教考分离，实行淘汰率并逐步提高，促进学风的进一步提高。大学实施产教融合式发展战略，就是要以高层次技术技能人才培养、服务于企业技术创新、深入行业生产一线为基本建设体系；"双师型"教师与行业企业"能工巧匠"相结合、健全社会服务保障以及把毕业生就业创业与企业人力资源培养相结合，确立以服务区域经济社会发展为职能，培养高级应用型人才，形成政、校、企之间信息沟通的机制和以评促建的质量保障体系。

第六章　高校师资职业能力的发展

第一节　学习及自我发展能力

教师的学习和自我发展是一个连续的、动态的、纵贯整个教师职业生涯的过程。其中，来自教师个体和周围环境的各种因素都会对教师的学习和发展产生的影响。而教师的学习和自我发展能力的形成并不是天生就有的，需要经过不断的努力和有意识地培养与训练，才能实现教师学习与自我发展力的不断提高，增强其对社会发展的适应性。

所谓教师的能力是指教师在教育教学活动中形成并表现出来的、直接影响教育教学活动成效和质量、决定教育教学活动的实施与完成的某些能力的综合。教师的能力是一般能力的合理整合和特殊发展，是在实践中发展起来的、反映教师职业活动要求的能力体系。一般认为现代教师的专业能力应包括教师的教育能力、教学能力和反思能力等。在现代教师的能力结构中，教师的学习能力和自我发展能力影响着教师个人及教育教学活动的变化、发展和创新。教师的学习和自我发展能力主要是以下八种能力的有机结合。

一、基本认知能力

基本认知能力包括记忆力、注意力、观察力、想象力和思维能力，即一个人的智力。

记忆力是智力活动的基础，是一个人不可缺少的基本才智，是获得各种信息和经验的首要心理要素。注意力是使心理活动指向并集中于客观事物的能力。人的一切智力活动只有在注意力的参与下才能顺利进行，可以说，注意力是智力活动的组织者和维护者。观察力是感知和思维相结合而形成的一种能力。观察是有目的的、主动的感知过程。各种专门人才都需要一定的观察能力。教师只有具备了较强的观察力，才能对学生观其行而知其心，随时掌握学生发展变化的动态，并获得丰富而有价值的教育现象的材料，从而发现新问题，找出事物的规律，并得出正确的科学论证。想象力是智力活动富于创造性的条件，也是教师能力最基本的特征，是教师进行创造的前提。思维能力指在已有知识经验的基础上，借助语言对客观事物进行间接概括反映的能力。思维能力是智力的核心，人脑通过思维可以组织人的感官触及不到的宏观与微观世界，从而把握事物的本质规律和整体性。

总之，基本认知能力即智力，它始终贯穿于教师的职业活动之中，标志着一个教师能力起点的高度。一个智力水平很低的人是不会成为一名会学习、能够不断自我完善和发展出色的教师的。

二、系统学习能力

系统学习能力即指学习和掌握新知识、新信息、新技术、新方法的能力，包括自学能力、成长学习能力（再学习能力）、信息资料的加工利用及整合能力等。

（一）自学能力

自学能力一般包括对学习内容的选择能力、学习的坚持力以及学习的效果和速度。

1. 选择能力

在纷繁的知识海洋中，对于学习内容的选择是学习者首先要解决的问题。当代教师要充分认识到，选择学习内容对学习是非常重要的，"有所不为才能有所为"，因此，学习亦要"有所止之"，才能有所成就。

2. 坚持力

在学习的过程中，不能忽视学习的坚持性，避免半途而废。只有不怕困难、矢志不渝的人才能真正有所建树。

3. 效果和速度

阅读速度，理解程度，重点、难点的把握都是教师能力的体现。尤其是在知识信息如潮水般向人们涌来的今天，提高单位时间内学习的速度和效率已越来越重要。为此，教师应使自己的学习方式快速化与创新化，充分利用现代化的学习工具，如电脑、手机等。

（二）成长学习能力（再学习能力）

这种学习能力一般应具备以下五个要素：一是成长因素的自我识别，即知道自己具有哪些方面的特长，哪些方面的短处，以使自己的学习能够扬长避短，事半功倍；二是成长学习的目标决策能力，即能够根据自己学习的长远目标和阶段目标制订学习计划和学习策略的能力，以保证学习任务能有步骤地得以完成；三是高层次的学习方法，即科学的学习方法与思维方法有机结合，在提高学习效率的同时有所发现、有所创造；四是成长学习的自我评价与调节能力，即学习者对学习的效果具有正确的评估，并经常改进学习方法、调节学习机制的能力；五是悟性和勤奋。这是再学习的每个教师所必须具备的素质，有悟性和开拓意识，对再学习有兴趣和敏感，再加之勤奋的精神，就能很快地实现学习的目标。

（三）信息资料的加工利用及整合能力

这是教师扩展视野和知识的必要能力。教师对信息资料的加工利用表现在：对信息的高度敏感性，即能够广泛地接受来自学生、学校、媒体、政府等方面的信息和学术刊物、著作的信息；对信息的利用率，即筛选有用的信息进行简化、归类、存档，适时运用。

为适应新时代对教育和教师的全面要求，以便更好地、更有效地获得信息资料，教师无疑还要具备一定的外语水平。良好的外语能力为加强国际交流、进行双语教学清除了障碍。外语能力已成为新世纪教师"学会说话""学会看书"的新要求。

三、社会环境适应能力

适应是心理健康的标志之一。适应是有机体与环境的一种平衡状态。现代社会的飞速发展、教育的重大变革给教师提出了许多新的挑战。适者生存、适者发展仍然是一个不可逆转的法则。学会适应，具有一定的社会环境适应能力，是每一个教师健康生活、获取成功的前提与基础。

（一）对适应的一般理解

适应一词源于生物学的概念。它是指所有活着的有机体都要随着它们环境中某些条件的改变而改变其活动。从心理学的角度研究适应，可将其定义为：个体通过不断做出身心调整，在现实生活环境中维持一种良好的、有效的生存状态的过程。适应是指个体与环境在相互作用中发生改变的过程。个体社会环境的适应方面，涉及如下三点。

1. 适应客观环境的变化

无论是什么样的人，当刚从熟悉的环境进入陌生环境，都要有一个适应的过程，这一过程包括对新环境的熟悉以及了解新环境对自己的要求等，而且这一过程还包括逐渐从过去熟悉的环境中解脱出来，在生活方式、思维方式等方面做出相应的改变，以适应新环境的要求。

2. 建立新的人际关系

随着环境的改变，建立新的人际关系，不仅是适应环境的要求，也是个体逐渐走向成熟的必要条件。这就要求人们清楚地认识新的人际关系的特点，同时，还要逐渐掌握处理各种人际关系方面的技巧。

3. 确立新的自我

个人适应环境的过程实际上就是重新确立自我的过程。当个体进入新环境后，原有的自我就要重新被评价,以便适应新环境。但是这种重新确立不是完全的自我背叛,而是主动地寻求一种新的契合点,既保持自我的人格特点,又与新环境相适应。

(二)社会环境适应的能力与发展

教师的社会环境适应能力,一方面应体现在对社会角色的适应能力,能够形成与时代相适应的角色期望和行为方式;另一方面应体现在对社会变革及教育改革所带来的冲突及压力的应变中,与现实相适应的保持心理平衡的能力。只有学会积极的适应,才能够面对现实、接受现实、适应现实,对现实抱有乐观的认识和判断,对生活、学习和工作中的各种挑战才能妥善处理,也才能够从实际出发不断调整工作、学习及生活目标,审时度势地进行角色转换,调节自身行为,把握成功,获得发展。适应与发展的关键是战胜自我、积极行动。

四、身心保健及调适能力

(一)教师身心健康的含义及表现

教师身心健康是指教师具有健康的身体素质和心理素质。

1. 教师健康的身体素质的主要表现

①对繁重的教学、紧张的工作、琐碎的家务具有较强的承受能力,能精力充沛、生气勃勃、从容不迫地从事工作和学习,应付日常生活和工作。②反应敏捷、体格强壮、耳聪目明、头脑灵活、声音洪亮。

2. 教师健康的心理素质的主要表现

①较强的社会适应性,能与现实保持平衡。②人际交往和谐,积极态度多于消极态度。③有良好的自我意识,能正确地对待自己,善于与人交往,理解、尊敬、信任别人。④情绪乐观稳定,心胸开阔,能自尊自制。⑤热爱生活,热爱教育工作,有追求成功的欲望和信心,有幸福感。⑥过有效的生活,心中有目标,活得很充实。

健康和身心不仅是教师成才与发展的基本内因和要求,也是教师良好身心素质产生的一个基本前提。

(二)影响教师身心健康的基本因素及分析

影响教师身心健康的因素是多方面,也是比较复杂的,主要有以下两方面:一是客观方面,如事业与家庭的负载过重,待遇与收入偏低,给教师增加过大的身心压力,不重视满足教师的正当需要,不能创设和形成良好的群体心理氛围等。

二是主观方面,即从教师自身因素看,教师不能科学地生活,对心理和身体健康难以自我保护,缺乏一定的身心保健和调节的意识及能力。

身心保健与调节能力,是教师能够在对自身实行客观的身心了解之后,发挥内部机制的作用,针对存在的问题,自我调整,采取切实可行的措施,主动加强保健,调节自己的身心状态,对身心素质不断自我完善的能力。是一种能够弥补身心疲乏、恢复充沛体力、保持健康身心的能力。这种保健和调节的意识和能力,是保障教师在竞争上增强个人的适应力,以健康良好的身心品质从容地对待社会生活,对待教育事业,谋求个人发展的重要条件。

五、自我监控及管理能力

教师的自我监控及管理能力,是教师具有对自身的行为及自我发展的监督控制及管理的能力。在行为上主要表现为:具有能够做到为人师表、保证个人言行的严谨端正、处乱不惊、从容不迫的能力;具有善于完善自我和节制自我的能力;具有能够进行自我剖析、规划、设计、约束、激励、反馈等的能力。

教师是自我发展的主体,所以对教师的任何管理,都不如教师的自我监控与管理更有效。

教师在具备一定的自我监控及管理能力方面,具有明显的优势,这是因为:① 教师有较高的成就动机,对自己有比较高的期望值,对自己的要求比较严格。② 由于教师工作的示范性,教师角色对学生有重要的影响,教师必须严于律己,对自己的言行加以规范和约束。③ 教师有比较高的科学文化素质,有较高的能力,有进行自我监控及管理的基础。④ 有自我发展的内在强大动力的教师,更能够实现真正的自我监控及管理。这也是教师具有自我监控及管理能力的基本条件,即教师有自我发展的内驱力,对发展目标有坚不可摧的信念。

六、职业生涯规划与设计能力

职业生涯是人的一生中所从事的职业和所走过的职业生活的大部分历程。职业生涯设计能力是指对有关职业发展的各方面进行设想、规划和管理的能力。

教师的职业生涯,是一个人作为教师从事教师职业的整个过程。教师只有树立职业生涯设计的意识,掌握职业生涯设计的方法,培养和提高职业生涯设计的能力,才能真正把自己的职业生涯置于理性的思考之上,从而使教师关注自我发展,增强自我发展的主动性、预期性。

职业生涯设计包括一个人一生中所有与工作相联系的行为与活动的设计,在设计时应考虑以下几个特点。

（一）连续性

职业生涯是表示一个人一生中在职业岗位上所度过的整个历程。这个历程是漫长的，它影响着一个人的其他生活，甚至决定着一个人的生命和质量。这个经历中各个阶段都是衔接的，因此，职业生涯的设计，应当是一种与工作相关的连续经历和设计。

（二）独特性

生涯是个人为实现自我而逐渐展开的一种独特的生命历程。不同个体的生涯，在形态上或许有类似之处，但其实质却有诸多的不同。每个人在不同的人生阶段都有不同的追求，每个人都有不同的自我定位和目标设计，有不同的行为能力和心理特征，这些都使每个人有不同的变化和成长。因此，职业生涯的设计也应体现出每个人职业生涯的独特性。

（三）互动性

职业生涯不完全是由个人支配的，它还受多方面因素的影响，除了本人对生涯的设想和计划之外，还有家庭中父母的意见与配偶的理解和支持、组织的需要与人事安排、社会环境的变化等，这些都会对职业生涯设计等产生影响。所以说，在职业生涯设计时要综合考虑多种因素的互动。

七、教育科研能力

教师的教育科研能力是以教师科研理论为指导，满腔热情地投身于教育实践，在博采众长的基础上形成和发展的。它是一个综合的能力结构，具体表现在以下几方面。

（一）问题意识以及定向的能力

科学研究始于问题，研究总是从问题开始的。因此，教师必须培养自己的问题意识和不断提高自己的定向能力，这是研究者敏锐的洞察力、对形势的判断力以及胆识的综合反映。教师的科研意识、发现和选择研究问题的能力是教师科研能力的重要表现。

（二）整合意识与理论思维的能力

对教育的研究不能只停留在直觉的把握、经验的感悟上，要求教师不仅要有合理的、扎实深厚的知识结构、文化素养，而且要有理论思维的头脑，有整合的意识以及合理的思维形式，能在纷繁复杂的教育现象中把某个现象的本质提炼出来，并准确地把握问题的实质，同时善于从一个基本思想导出一系列新的见解。善于从理论上思考教育问题，能把握复杂问题的实质并把握整体。这需要教师通过教育科研逐渐形成有益于个人研究力发展的思维和透析力、综合力和迁移力，能够透彻分析、认识研究对象，提出新观点、新见解、新问题。

（三）创造意识及实践的能力

即具有敢于突破原有理论的框架，从新的角度高度分析、研究教育问题的能力，进而产生新思想，发展和创造新事物，在实践中思索和解决实际问题。

（四）合作意识与协作研究的能力

优势互补、群体攻关，这是现代教育科研发展的重要趋势。群体成员在知识、能力、专长等方面具有不同的特质、不同的思维方式、不同的研究风格，可以形成异质互补的优势，精诚团结、协作研究，可以充分发挥科研的群体效应。

八、知识更新及创造的能力

各个国家都普遍重视教师的知识更新能力和创造能力。要求教师必须具有较强的掌握信息和更新认识的能力，即"扩展能力"，要迅速灵活地适应科学技术和时代变化，具有很强的信息处理能力（吸收和更新知识的更新能力）和创新能力（获取新知识的能力和扩充新知识的能力）。

具有快速及时地更新知识的能力，这就要求教师能够自觉跟上时代步伐，不断进行自身知识结构的新陈代谢。尤其要注意运用现代教学技术和手段，如电脑多媒体和网络技术等，以达到教育效果。

具有创新能力是教师扩展能力的核心。这不仅是教育内部的要求，也是社会发展的需要。创新能力主要表现在以下两方面：一是具有创新精神，主要表现在强烈的求知欲、兴趣、创造动机和创新意识、工作精神和毅力、信心和魄力等方面。二是具有创造性思维品质，如直觉思维、发散性思维、灵感思维等。具有创造性的思维一般有流畅性、灵活性和独创性的特点。

教师创造能力是教师的创造性精神和创造性思维品质在教育活动中的具体体现，主要表现在以下几方面：

（一）教学设计灵活多样、富有弹性

具有创造性的教师能够进行灵活多样和具有独创性的教学设计，他们往往根据教学目标和教学对象以及自身的风格选择适宜的教学模式、有效的教学方法，使整个教学设计富有弹性，并根据目标的达成情况和学生的接受能力随时调整教学过程。

（二）教学信息的传达经济、迅速、有效

从教学信息论的角度说，教学的成效主要取决于能否经济快速和有效地将教学信息传给学生。具有创造性的教师能够根据知识的特点和学生的心理机动灵活地组织教学活动，不断地探索既简明迅捷、又适合学生接受能力的信息传递方式，用比较少的时间和精力将教学内容准确有效地传给学生。

（三）善于激发学生的学习兴趣

具有创造能力的教师善于挖掘教学内容中丰富多彩的内容，创造条件让学生将书本的知识与日常生活结合起来，创造生动活泼的教育教学形式，采用引人入胜的教学方法，激发学生的学习热情。

（四）能够启发学生积极思考，引导学生去发现和创新

这是培养学生创造能力的关键。具有创造能力的教师善于发现学生的最近发展区，能够把握时机创设问题情境，诱发学生对现有知识的不满和怀疑，把学生引入"愤"和"悱"的境界，引起他们探索和研究的好奇心，培养其发现问题和解决问题的能力。

（五）根据教学的反馈信息进行机智的教学调控

具有创造性的教师善于捕捉教学反馈信息，在没有事先准备的情况下灵活高速地教学，迅速发现和利用教学时机，从而达到意想不到的教学效果。

第二节　教学模式能力的培养

一、教学情境创设能力的培养

（一）教学情境创设能力的特点

1. 新颖性

创设问题情境的新颖性，使学生乐于创新学习。教学的艺术，不在于传授知识的多少，而在于激励、唤醒、鼓舞。教学中教师只有根据学生的年龄特征、知识经验、能力水平、认知规律等因素，抓住学生思维的热点、焦点，不断创设有创意的、新颖的问题情

境，让学生身临其境，感受数学知识、规律的魅力，才能使学生产生疑问，激发探索的欲望，乐于发现问题，乐于创新学习空间。

2. 空间性

创设问题情境的空间性，使学生敢于创新学习。由于学生的智力、基础知识、学习能力、生活经验与环境等方面的差异，即使面对同样的问题，他们的思维方式、采用的手段方法也是各有千秋，教师的讲解与分析，往往不能满足学生的需求。因此，创设问题情境时必须留有一定的空间，把学习的主动权交给学生，对学生的新想法给予鼓励，使学生敢于打破常规，别出心裁，勇于标新立异，寻找与众不同的学习、解题途径，激发学生的创新动机，为学生的创新学习提供时间和空间的保证。只有为学生创设了问题情境的思维空间，学生才会有积极思维，才会有创新学习。具有挑战性的问题情境，可促使学生多方位地进行联想，自觉地探索尽可能多的问题答案和解题途径，有利于提高学生学习数学的兴趣，培养学生接受挑战的意识，发展学生的求异思维，为学生的创新学习提供条件，引导学生积极主动地、创造性地学习数学。

3. 实践性

创设问题情境的实践性，使学生善于创新学习。教学离不开实践活动，加强实践操作是培养学生创新学习能力的重要措施。知识的应用是一个渐进的认知过程，是学生在教师的引导下，利用必要的材料，在自我实践的基础上，通过意义建构而主动获得的。因此，在认知建构中，教师应根据学生的认知特点和学习心理，有意识地设置动手操作的情景，给学生提供必要的探索新知的思维材料，设置"动"景，使静态的知识动态化，调动学生的多种参与，对新知的主动探究，让学生通过自己的操作、观察、比较、交流、评价等实践活动，亲自经历知识的形成过程，一方面增强学生的主动参与意识，使学生在实践活动中学会相关知识，另一方面，通过教学实践活动，使其创新学习能力得到提高。

这种在教师点拨下的学生动手自行操作、自主探究活动，有利于调动学生多种感官参与学习，并通过设疑→猜想→实验→验证→归纳的过程，使学生情趣盎然，思维得以充分训练，学生在实践活动中，动手、观察、思考、协作能力都得到了培养。教学中，教师要有意识地向学生提示寻找问题的角度，提出问题和解决问题的方法，使学生更善于自主创新学习。

4. 竞争性

创设问题情境的竞争性，使学生勤于创新学习。因此在教学中，适时创设竞争的学习氛围，是培养学生探索兴趣和独立思考习惯的有效途径，适当的良性竞争，可激发学生的创新热情和创新意识，能培养学生思维的变通性和独创力。只有对学生点滴的创新给予及时的表扬、肯定、鼓励，才能激发学生创新学习的热情，逐步培养学生创新学习的能力。

课堂教学中问题情境的竞争性，从形式上，可以是小组内同学间、小组与小组间；从内容上，可以是小组内、小组间对问题解决的竞答，或小组内、小组间的相互质疑，也可以对练习完成的质量、速度或某一问题处理深刻性的评价等；从情境创设的方式上，可以由教师创设，也可以由学生根据自己的认识提出。

（二）创设教学情境的基本要素

1. 情境是符合学生已有的生活经验的学习环境及学生认知水平的必备要素

学生的原有经验是进入教学情境中的重要知识，教学情境的创设必须建立在学生的认知发展水平和已有的知识经验基础之上，使学生的原有经验通过再创造，获得新的意义，从而使学生产生新的发展。

2. 情境包含丰富的学科知识、能力及外部世界的诸多因素，是相互联系的

在一定的教学情境下，通过适当的方式将零散的、隐含于特定问题中的诸多因素相互联系与综合，使学生获得相关的知识和技能，同时使学生在非认知方面（如情趣、态度、价值观、合作交流能力等）获得发展。

3. 情境具有调动学生积极学习和成长的情意因素，具有学生参与的角色要素

良好的教学情境，能使学生积极主动地、充满自信地参与学习，使学生的认知活动与情感活动有机地结合，从而促进学生非智力因素的发展和健康人格的形成。一个好的教学情境必须具备调动学生参加学习活动的积极学习和成长的情意因素。学生的参与性是新课程教学环境的基本要求，教学情境必须具有学生参与的角色要素，从而让学生较快地进入建构性学习活动。

4. 教学情境中包含了大量的课程资源，体现了学校课程资源较高的开发利用程度，具有可供操作的硬件设施和时空要素

为了使学生能够充分地参与学习活动，教师必须具备较强的课程资源和意识，注意对课程资源筛选、加工、整合再创造。因地制宜，多种途径、多种方式、多种渠道有目的地开发和利用各种资源，包括校内、校外、网络、学生家庭、所在社区等的课程资源，来创设教学情境。创设的教学情境应具备较好的可操作的设备条件，以及方便师生共同进行学习活动的时空要素。

5. 情境具有趣味性和浸润性，可以引起学生浓厚的探索问题的兴趣，有较好的对问题进一步拓展的空间

通过营造一种生动有趣的、具有吸引力的学习背景，创设一种与亲和的人际情境交融

在一起的教学情境，激发学生学习的兴趣与动机，使学生在宽松、和谐、愉悦的氛围中，由对问题的自然想法开始探索，发挥情境的浸润功能以激发学生的探究热情。

（三）创设教学情境的类型

无论教学情境的外在形式还是教学情境的内容，都能使学生产生积极的情绪反应。但不同形式、不同内容的教学情境在教学中的侧重点不同。实际教学中往往是多种教学情境同时作用于课堂，综合发挥教学情境的浸润性。教学情境根据不同的分类标准可以有多种类型。

根据教学情境与现实世界存在的关系，可分为真实型等 7 种类型。

1. 真实型教学情境

现实客观存在的社会是学生知识建构不可缺少的资源和运用知识不可替代的学习情境，学生在其中感悟、观察、体验。通过形式多样的真实客观存在的教学情境，让学生亲临生活实际，在社区、工厂、田间、野外等真实的生活与场景中学习知识，运用所学知识解决实际问题，这就是真实型教学情境。在真实的情境中进行教学，拓宽了教育的空间，将理论与实际相联系，可以使所学的知识得以运用，学生在身临其境的演练中施展自己的才能，品尝着受阻的焦虑和成功的喜悦，在积极的思考中提高解决实际问题的能力。

2. 仿真型教学情境

教学中有时受时间、空间、财力、物力的限制，不可能每节课都把学生带入实际生活中。一些较难接触或学生不易真实接触的学习内容可以用模拟现实环境和情况来满足教学的需要，这就是仿真型教学情境。如模拟商店中现场购物的体验，也可以借助多媒体等教学手段模拟现实情境，采用学生模拟表演等形式，达到所需教学情境的效果。

3. 提供资源型教学情境

根据课程的教学目标，为学生提供丰富的学习资源，由学生选择学习、探究方式，充分发挥学习的主体作用，教师则起学习的引导者的作用，使学生在探索中学习求知，培养其独立钻研、独立学习的能力，这样形成的教学情境称为提供资源型教学情境。资源的共享是时代发展的要求。学习的根本在于拥有学习资源，利用学习资源。为学生提供具有丰富学习资源的情境将是未来教学环境发展的总趋势。

4. 问题型教学情境

为了完成教学目标，教师所设计的以探究某个问题为平台的教学情境称为问题型教学情境。创设"问题情境"就是在学习内容和学习求知心理之间制造一种"不协调"，把学生引入一种与问题有关的情境的过程。这个过程也就是"不协调→探究→深思→发现→解决问题"的过程。"不协调"必须要质疑，把需解决的问题，有意识地、巧妙地寓于各种各样符合学生实际的教学情境之中，在他们的心理造成一种悬念，从而使学生的注意、记忆、思维凝聚在一起，以达到智力活动最佳的状态。教师根据学生情况和教学内容而创设的问题情境能诱发学生的好奇心和求知欲，点燃思维的火花。创设问题情境宜围绕教学目的，注意培养学习者的发散性思维与创新意识，且难度适中。

5. 探究学习型教学情境

为探究性学习任务创设的教学情境称为探究学习型教学情境。探究学习情境与问题学习情境是密切相关的。一般情况下，学生在一定的问题情境的刺激下会主动参与探究。但在实际教学中，还往往出现学生遇到问题时，常常很难识别问题的关键和形成连贯的研究方法。他们也不清楚怎样把现在的问题和已经知道的东西联系起来。围绕问题的探究总是停留在问题的表面，好的问题也会渐渐失去挑战性，因此在探究的过程中需要教师不断营造探究的情境，营造探究学习的氛围，引导学生在探究过程的不同阶段深入地学习。

6. 合作学习型教学情境

为在教学中的合作学习而创设的教学情境称为合作学习型教学情境。学习教学中的合作有利于开拓学生思路，改善课堂氛围，培养与人合作的作风，能充分调动学习的主动性。合作中有竞争，既能发挥个体的积极性，又能促进学生之间相互团结、密切配合，增强集体荣誉感。通过合作教学，不仅充分发挥了学生的主体作用，而且能培养学生的交往、合作和竞争能力。但在合作学习中合作氛围的营造非常关键，教学中创设良好的合作情境是学生能否顺利进行合作的前提。

7. 练习型教学情境

为新知识学习后巩固和拓展而创设的教学情境称为练习型教学情境。教学中无论是新课的巩固练习，还是独立练习课，往往都需要在一定的情境烘托下，达到练习的效果，新课的巩固练习，有时利用课中的教学情境延伸即可达到引导学生自主练习的目的，有时也需要单独创设。独立的练习课，有时教师们可以用带有趣味性的故事情境进行串联，调动学生的练习兴趣。

教学情境的创设要形成一个关注→激励→移情→加深→弥散的学习过程链，使学生的情感态度、价值取向逐步内化于学生的人格之中。学生参与教学情境的创设本身就是发展能力的拓展过程，教师应当善于抓住学生的求知、求新、求变的心理，通过教学互动，提升自己的教学质量。

二、教师探究教学能力的培养

（一）探究性学习的培养目标

探究性学习目标强调对所学知识、技能的实际运用，注重学习的过程和学生的实践与体验。具体目标为：①获得亲身参与研究探索的体验。②培养发现问题和解决问题的能力。③培养搜集、分析和利用信息的能力。④学会分享与合作。⑤培养科学态度和科学道德。⑥培养对社会的责任心和使命感。

（二）探究性学习的特点

1. 开放性

探究性学习在教学目标上是开放的。探究性学习的目标，第一在于发展学生的能力，包括发现问题的能力、制订计划的能力和解决问题的能力；第二在于培养学生主动积极、科学严密、不折不挠的态度；第三在于培养学生的问题意识和创新精神；第四在于通过探究性学习获得关于社会的、自然的、生活的综合知识。这些目标是一个整体，是通过长期的潜移默化而逐步形成的，不能把它们割裂开来。探究性学习的目标应是灵活的、开放的、因地因人而异的。

探究性学习在内容上是开放的。学生在现实生活中所面对的诸多问题，一般是综合性的问题。解决这些综合性问题需要的知识远远超出了某一学科的范围。在探究的过程中，无论是自然科学还是社会科学的知识，都可能用得上。因此，不应把学习内容限制在某些方面，可以海阔天空，只要学生想到而又力所能及的都可以成为探究的内容。

就学生获取的知识而言，探究性学习也是开放的。在探究性学习中，知识的来源是多方面、多渠道的。除了书本知识以外，学习者还要广泛地获取未经加工处理的第一手资料，经过头脑的加工形成结论，使学生超出第二手书本知识的极限。

2. 自主性

自主性是实现探究性学习的目标所必须的，只有这样才能实现探究性学习的目的。无论是探究的能力、主动积极、科学严密、不折不挠的态度，还是问题意识和创新精神，都只有通过亲自实践才能逐步形成，就算是知识，也必须通过学生的主动建构才能形成，仅靠传授式的教学是难以获得的。

让学生自主地进行探究，是否就意味着教师是多余的，或者说教师没有什么作用呢？当然不是。教师毕竟是一个成年人，社会经历丰富，阅历广泛，可以向学生提供经验和帮助。因此，在探究性学习中，教师是组织者。教师应该开阔学生的视野，启发学生的思维，要善于发现学生思维中的闪光点，要向学生提供经验，帮助学生进行价值判断；要帮助学生整理思路和计划，要检查学生计划的可行性；要提醒学生注意探究中可能出现的问题和困难，要向学生提供必要的资源和帮助；要纠正学生不规范的做法，防止偏见和差错，提醒学生注意实事求是，注意结论的可靠性；要引导学生对探究的过程进行总结反思，引导学生自己进行评价，其中包括对课题意义的再认识，对成功与失败的原因进行总结，引导学生报告自己的收获等等。

3. 过程性

探究性学习的价值何在？注重的自然是探究的过程。学生的体验和表现比结果更重要。让学生在探究中学会交流和合作，在探究中得到发展，是探究性学习的最主要目的。学生体验了科学探究的全过程，从提出问题，确定问题，确定研究的方法、程序，连最后的评价都是学生自己做的，学生也会有很好的体会和收获。有的活动没能得出结论，给学生们留下一点遗憾，让他们反思所做的探究存在什么问题，为什么没有结果，也能起到很好的教育作用，不一定强求有明确的结论。

强调探究的过程包括不能让探究的过程模式化、固定化。探究的过程没有固定的模式，提出问题、进行假设、制订计划、收集数据、整体分析、得出结论、评价预测，是科学探究过程的要素，而不是固定的规范。它们之间也没有固定的先后顺序，不能硬性规定哪一个步骤在先，哪一个步骤在后。也不必强求探究过程的完整性。一次活动可以集中在如何提出问题、如何制订计划、如何进行评价等任何一方面或几方面，也可以是相对完整的探究活动。

探究性学习重在过程，因此在评价学生的学习成果时就不应以成败论英雄，更不应该以课题的学术价值和社会效益作为评价的主要依据，而是要看学生的态度和表现，要以形成性的评价为主，以学生的自我评价和相互评价为主。对于那些完全不投入探究活动的学生，不但要在成绩上有所表示，更要让他们自己找出差距。但是，对于能积极探究的学生，不一定硬要区分成绩的高低。现在提倡的档案袋评价就是一种很适合探究性学习的评价方式。

4. 实践性

探究性学习不同于学科知识传授，不能只是坐而论道，要实践，要活动。要注意的是，不能把实践狭隘地理解为体力活动或与动手技能相关的操作活动，随着自动化程度的不断提高，动手操作的技能在科学实验中的重要性相对下降。重要的是能发现问题，能够制订一套方案去解决问题，技术问题有专门人员去解决。实践并不等于操作，包括从提出问题到求得结论、做出评价的整个过程，除了操作之外，思考、计划、找资料、理论探讨、收集数据、分析整理、归纳总结、写报告、写文章都是实践活动。所谓探究性学习的实践性就是强调探究性学习应以活动为主，让学生亲自经历探究过程，体验、感受探究过程，在实践中创新。

（三）探究性教学的意义

探究性教学实质上是一种模拟性的科学研究活动。具体说它包括两个相互联系的方面：一是一个以"学"为中心的探究学习环境。这个环境中有丰富的教学材料、各种教学仪器和设备等，而且这些材料是围绕某个知识主题来安排，而不是杂乱无章的，这种环境要使学生真正有独立探究的机会和愿望，而不是被教师直接引向问题的答案。二是给学生提供必要的帮助和指导，使学生在探究中能明确方向。这种指导和帮助的形式与传统教学中教师的作用有很大的不同，主要是通过安排有一定内在结构、能揭示各个现象间联系的各种教学材料，在关键时候给学生必要的指导等。

探究性教学的本质特征是，不直接把构成教学目标的有关概念和认识策略直接告诉学生，取而代之，教师要创造一种智力和社会交往环境，让学生通过探究发现有利于开展这种探索的学科内容要素和认识策略。

探究性教学的基本原则是，由学生自己亲自制订获取知识的计划，能使学科内容有更强的内在联系，更容易理解，教学任务有利于激发学生的内在动机，学生认知策略自然获得发展。同时在这个过程中学生还认识到能力和知识是可变的，从而把学习过程看作是发展的，它既要以现有的学习方法为基础，又要将其不断地加以改进。

（四）影响教师探究性教学能力的因素

1. 教师探究教学的内驱力

探究性教学在关注学生知识和技能有所收获的同时，还注重学生对科学探究的体验和对科学方法的学习，注重学生情感、态度和价值观的养成。这就要求教师在备课时要做多方面的准备工作；在具体实施时，教师要从权威的传授者角色转变为以学生探究活动为主体，教师是探究活动的组织者、参与者、指导者；在评价时，要采用多元评价主体、多种评价方式和手段。这对于已经习惯了传统教学方式的教师而言，无疑是巨大的挑战。因此，教师是否从内心接受探究性教学方式，是否主动积极地接受有关探究教学性能力的培养与训练，是否心甘情愿研究探究性教学等，将是影响教师探究性教学能力的关键因素。

2. 教师已有的知识结构

教师已有的知识结构影响教师的探究性教学能力。教师要自如地实施探究性教学必须具备四方面的知识。

（1）学科知识

包括学科教材内容知识，学科内容概念、规律和原理及其相互关系；学科课程知识，学科教法内容知识。

（2）科学本质的知识

包括科学知识，是以观察和实验为基础的；实验数据的收集和解释都依赖于当时的科学观点；科学知识是人类想象和创造的结晶；科学调查的方向和成果受当地社会文化的影响。

（3）教育文化背景知识

包括学生特点以及在个体发展与个体差异方面的知识；教学情境的知识，例如小组或班级活动的状况、学区管理与资助、社区与地域文化的特点等方面的知识。

（4）教育策略性知识

包括教师有效地实施计划教学、进行课堂教学和评估教学效果时采用的灵活多变、适应性强的教学策略与方法。此外，教师的科学史知识、科学本质的知识也影响着他的专业知识和科学探究的知识水平。

第三节 合作学习能力的提升

合作学习的内涵至少包括以下几方面：① 合作学习是以小组活动为主体进行的一种教学活动。② 合作学习是一种同伴之间的合作互助活动。③ 合作学习是一种目标导向活动，是为达到一定的教学目标而开展的。④ 合作学习是以各个小组在达成目标过程中的总体成绩为奖励依据的。⑤ 合作学习是由教师分配学习任务和控制教学进程的。

一、合作学习的要素

合作学习要具备两种必需的成分。

一是个人的责任。一个群体的成功，应当使每位成员都具有展现其所学知识的能力。当团体的成功能够根据所有成员的成绩总和而定，或评价成员对团体计划的贡献时，就能够显著提高学生的成就感。如果只给学生一张工作单或计划表，而没有分配每个人的任务，学生只能获得较低的成就感。

二是积极的相互依赖。团体的成功有赖于所有成员的协同工作，实现理想的目标。这理想的目标是表扬、成绩、奖励或自由时间等。仅仅要求学生合作并不能确保学生学到社交技巧，必须有目的地教育他们。一般认为合作学习应该包含以下五个基本要素：① 个人责任，指每个组员必须承担一定的学习任务，并掌握所分配的任务，积极承担在完成共同任务中个人的责任。② 正相互依赖，学生不仅知道要为自己的学习负责，而且要为小组中其他同伴的学习负责,进行积极地相互支持、配合,特别是正相互依赖(积极的)。③ 混合编组。④ 小组评估,对小组内共同活动的成效进行评估,以寻求提高活动的有效性,对小组间的活动成效进行评价,以引起小组间的合作与竞争,发挥群体的积极功能,提高活动成效。⑤ 社交能力(合作交流的能力),它是小组合作学习是否有效的关键所在,如果学生缺乏社交技能,即使被放在一起,被迫合作,效果也会大打折扣,为了协调各种努力,达到共同的目标,学生必须做到:彼此认可的信任,彼此进行准确的交流,彼此接纳和支持,能建设性地解决问题,只有这样小组成员间才能培养建立并维护彼此的相互信任,有效地解决组内的冲突,进行有效的沟通。

二、合作学习的理论依据

(一)社会依赖理论

从社会互相依赖理论的角度来看,合作学习理论的核心可以用很简单的话来表述,当所有的人聚在一起为了一个共同目标而工作时,靠的是相互团结的力量,相互依靠为个人提供了动力,使他们:一是互勉,愿意做任何促使小组成功的事;二是互助,力求使小组成功;三是互爱,因为任何人都喜欢别人帮助自己达到目的,而合作最能增加组员之间的接触。

(二)选择理论

选择理论认为,学生有四种需要值得关注,这就是归属(友谊)、影响人的力量(自尊)、自由和娱乐。学校教育的失败不在学业成绩方面,而在培育温暖、建设性的关系方面,这些关系对成功是绝对必要的。选择理念是一种需要满足理论,学校则是满足学生需要的场所。

(三)精制理论

精制理论不同于发展理论。认知心理学的研究证明,如果要使信息保持在记忆中,并与记忆中已有的信息相联系,学习必须对材料进行某种形式的认识重组或精制。精制的最有效方式之一即是向他人解释材料。长期以来关于同伴互教活动的研究发现,在学业成绩方面,教师与学生都能从中受益。

(四)接触理论

接触理论着眼于社会互动关系的研究。提倡不同民族、性别的学生在学习上的互动和交流，由此达到群体关系的和谐。接触理论认为，人际间的合作能提高小组的向心力及友谊。而且，单纯机械的接触，尚不能形成促进性学习，增进学习效果，只有发展成合作性的关系，才能形成有效学习。就接触理论而言，它适用于不同的年龄、性别、社会经济地位或能力的学生。

三、合作学习的意义和价值

（一）有利于促进学生的社会适应性

合作学习创设了学生互相认识、相互交流、相互了解的机会。在合作学习中，他们学会了把自我融于群体之中，小组内的每个成员一起学习，一起活动，久而久之，感到自己难以离开这个可爱的群体，从而培养了他们的合群性与合作能力。这也是一个人具有社会适应性所具备的基本素质。合作学习培养了学生善于听取别人意见的好品质。通过合作学习，使学生感到要想使自己的学习有所收获，必须做到小组之间的每一个成员相互帮助，取长补短，耐心听取别人的意见，从而培养了小组成员尊重他人、善于倾听别人的意见、帮助本组成员共同提高的品质，成为他们在适应社会中所必备的条件。

（二）有利于培养学生的自主性和独立性

合作学习是培养一个具有自觉能动性、自主性和独立性的人，一个对事物有自己独创的思维与见解、敢于发表自己的意见、具有社会交往能力的开放型人才的有效途径。小组内的成员能够在小组内进行充分的语言、思维及胆量的训练。通过小组成员之间的交流，他们能够大胆地将自己的见解通过语言表达出来，在交流中逐步培养学生能主动与别人交往，形成自己的独立见解。

（三）有利于满足学生的需求，促进学生的全面发展

合作学习在课堂教学中为学生创设一个能够充分表现自我的氛围，为每个学生个体提供更多的机遇。人人都有自我表现的机会和条件，相互交流，彼此尊重，共同分享成功的快乐，每个学生都有进一步发现自我、认识自我、获得发展的机会。

第四节　教学反思能力的培养

反思是教师自身发展的基础和前提，也是教师成长的新起点。因此，了解反思的内涵，提高教师的反思能力是十分重要的。

一、教师反思

反思是人们"对于任何信念或假设性的知识，按其依据所进行的主动的、持久的、周密的思考"。反思是教师最重要的素质之一，虚心、专心及责任心是反思行为的三个基本特质。

有必要指出的是，反思并非教师对教育教学工作进行一般意义的思考和回顾，而是要从反思自我开始，进而反思教学，反思育人，反思课程，反思生活等。即根据反思对象的不同，采取相应的反思方法和策略，达到反思的目的。可以说，掌握了反思的方法和策略，教师就拥有了开启反思之门的钥匙，同时也意味着教师掌握了一定的反思能力。如此看来，有意识、有针对性地培养教师的反思能力至关重要。

反思能力主要分为两大部分。

一是自我监控能力，就是对专业自我的观察、判断、评价、设计的能力，具体包括专业自我的意象、职业意识和自我设计。这里的专业自我意象，是指作为教师的专业自我观察产生的自我满足感、自我信赖感、自我价值感，即教师的个人教学效能感，主要是指教师对自身教学效果的认识、评价，进而产生的对自我价值感。职业意识，是指教师对教育在学生发展中的作用及其职业生涯和工作境况未来发展的期望。自我设计，是指教师在对专业自我的观察、判断、评价的基础上对自身专业发展的设计。

二是教学监控能力，就是对教学活动的内容、对象和过程进行计划、安排、评价、反馈、调节的能力，主要包括以下六方面：教学设计、课堂的组织与管理、学生学习活动、言语和非言语的沟通、评价学习行为、教学后反省。

教学设计是指在课堂教学之前，明确所教课程的内容、学生的兴趣和需要、学生的发展水平、教学目标、教学任务以及教学方法与手段，并预测教学中可能出现的问题与可能的教学效果。课堂的组织与管理是指在课堂上密切注视学生的反应，努力调动学生的学习积极性，随时准备有效应对课堂上的偶发事件。学生学习活动是指教师在课堂教学活动中应该对自己的教学进程、教学方法、学生的参与和反应等方面随时保持有意识的反省，并能根据这些反馈信息及时地调整自己的教学活动，使之达到最佳效果。言语和非言语的沟通是指在课堂教学中,教师言语与体态语言是沟通师生双方信息、情感的重要手段,对沟通效果的及时评价与调整是很重要的。评价学习行为是指教师对学生的提问、回答、作业、交流、操作等学习行为进行及时评价,或指导学生对学习行为进行评价。教学后反省是指在一堂课或一个阶段的课上完后,对自己已经上过的课的情况进行回顾和评价。

二、反思能力与教师专业发展

教师的反思能力决定教师反思的深度和水平,教师只有深刻理解反思的意义,在反思的状态下开展工作,才能促进每一名学生全面发展。

(一)反思能力与专业水平的相携成长

反思能力能够促进教师的专业发展。教师的专业化运动主要经历了两个阶段:第一个阶段是关注教师作为专业性职业的地位及提高问题;第二个阶段主要关注"教师发展"或"教师的专业发展"问题,即从关注教师的地位问题转向了关注教师的角色、实践方面。在这一过程中,教师的自主专业化发展问题日益凸显出来。培养与提高教师的反思能力,让教师能够对课堂事件、对所做的决策进行深思熟虑,将有助于促进教师的专业化发展。

反思有利于教师形成优良的专业精神。反思不是一种能够被简单地包装起来供教师运用的技术,而是一种面对问题和反应问题的主人翁方式。反思涉及直觉、情绪和激情,在反思性行为中,理性和情绪交织其中,三种态度——虚心、责任感和全心全意是反思性行为的有机组成部分。教师形成反思意识,养成反思习惯,强化对事业、对学生、对自己的责任感,有助于形成教师爱岗敬业、虚心好学、自我否定、追求完美等优良专业精神和意志品质。所以,拥有优良专业精神的教师不会轻易地在一些误解、挫折、失败和逆境中变得消沉苦闷,也不至于轻易地因计较某种利益而怠业弃业,而是始终保持一种昂扬的精神状态和稳定的心理品质。通过反思,能提高教师的问题意识和教育研究能力,使教师能主张他的决策和行为,并为其辩护,独立解决教育教学实践中遇到的各种问题,进而发挥手中的专业自主权,实现专业自主。

(二)反思能力能促进课程实施与改革

课程的实施与改革要求教师成为反思型教师。首先在处理教育理论和实践的关系上,反思型教师能对教育理论和实践持有一种健康的怀疑。反思型教师能够以开阔、前瞻的思维方式思考问题,以开放的心态看待事物,接纳新思想,不断对自身及行为进行思考。他既是教育教学的实践者,又是教育理论的思考者与构建者。此外,在决策方面,反思型教师只要拥有可利用的新的根据或信息,就会重新思考既定决策的结论与判断。而且,反思型教师能够对于自己以及自身行为给予学生的影响进行积极的反思。反思型教师注重教学的过程，能够在研究状态下进行教育教学实践，把工作与研究结合起来。

三、教师反思能力培养的基本原则

为了提高教师反思能力培养的实效，无论是教师自我提高，还是培训部门的培养与训练，都应该遵循以下基本原则：

（一）实践性原则

这一原则是指教师反思要在其具体的教育教学实践操作中进行。贯彻这一原则要求对教师反思能力的培养和训练一定是在自己亲历的教育教学实践基础上进行的。

（二）时效性原则

这一原则是指教师的反思在一定教育教学实践的基础上，对自我"现行的"行为观念的解剖分析，即要求教师对自己当下存在的非理性行为、观念的及时觉察、矫正和完善。该原则所强调的是时间性和针对性，遵循这一原则可以缩短教师成长的周期。

（三）过程性原则

这一原则有两方面的含义：一方面是指教师具体的反思是一个过程，要经过意识期、思索期和修正期；另一方面是指教师的整个职业成长要经过长期不懈的自我修炼。从这个意义上理解，教师反思能力的提高也不是一蹴而就的。贯彻这一原则要求教师克服急躁或懈怠的情绪，耐心地、长久地、持续地致力于自我反思能力的不断提高。

（四）生成性原则

这一原则是指教师通过对自己教育教学实践中的行为表现及其行为之依据的回顾、诊断、自我监控和自我调适，达到对不良的行为、方法和策略的优化和改善。这种优化和改善就是新的行为、方法和策略的生成。教师经过这一过程，可以加深对教育教学活动规律的认识和理解，使原有的教育教学能力和水平得到提升，从而适应不断发展变化着的教育改革要求。

四、教师反思能力培养的基础条件

让教师了解反思内容，熟悉反思过程，掌握反思方法，并形成反思习惯，是培养和提高教师反思能力的基本要素。

（一）了解反思内容

教师反思的内容是相当广泛和丰富的。为了有利于教师反思能力的提高，可以将教师的反思范围和内容简化为五类：即教学反思、教育反思、理论反思、行为反思和社会生活反思。

1. 教学反思

是指教师对教材内容、教学常规、教学方法、教学习惯、教学理念和教学结果等的反思。

2. 教育反思

是指教师对教育理念、教育内容、教育方法、教育对象、教育结果等的反思。

3. 理念反思

教师的经验、习惯、意见或者是印象等是教师行为产生的理论基础，所以对教育理念的反思更有助于教师教育思想观念的转变，进而转变教学方式、教学内容和教学行为。

4. 行为反思

是指教师在课堂内的行为选择、方法选择、多方互动策略选择以及判断等，对教育行为的反思是指在课堂教学内外对学生进行德育的行为和方法的选择。

5. 社会生活反思

主要是反思社会环境中有利于和制约着学校教育教学和学生成长的因素。

（二）熟悉反思过程

反思过程的一般步骤如下。

1. 反观实践，发现问题

反思产生于"问题"和"无知境界"，教师反思的起点便是自我实践中的"问题"。教师反观自己的教育教学并梳理出其中存在的问题，先就特定的问题予以关注，并在可能的范围内收集与此相关的资料，接下来便分析问题。

2. 自我审视，分析问题

教师依据收集到的资料，以科学的态度对教育教学的本质加以深刻的理解，并在此基础上建立起观念和相应技术性的结构体系。这一过程需要教师有适当的谦恭、足够的勇气、公正的品质、豁达的胸怀、丰富的情愫以及敏锐的判断力和丰富的想象力等。

3. 借助对话，建立假设

教师借助当前问题的有关信息，或通过阅读书籍、请教专家、集体研讨等方式，提出解决问题的各种假设，并对假设的效果进行预测。这一过程是教师将实践中反映出来的问题上升到理论并加以剖析的过程，进而找到解决问题的理论依据和方法，在思想中形成新的观念，建立起新的假设。这是一个持续的过程，因为任何新观念的内化一般都要经历接受、反应、评价、组织和个性化等五个由浅入深、由不稳定到稳定的过程。

4. 回归实践，验证假设

教师建立起新的假设之后，开始策划新的行动计划和方案，并开始实施此行动，验证假设。当这种行为能够被观察分析时，教师又开始了新一轮的反思循环。这个循环不是简单的思维过程的重复，不是对反思所得认识的无尽讨论，而是通过积极的不断的自我反思实践，使这一过程中得以再生和深化，这也正是反思的价值所在。

（三）掌握反思方法

反思本身也是一种经历，教师反思能力的培养与训练在掌握反思方法的基础上，还要经历一定的反思途径。

1. 过程型反思途径

过程型反思包括行动前反思、行动中反思和行动后反思。行动前反思是借助已有的经验和教训，对各种可能提出预设，决定行动路线，以及期望所要达成的结果。行动中反思是面对当前的问题和情境，当机立断地即刻做出决策。行动后反思，又称追溯型反思，这种反思有助于我们理解过去的经历，从而加深对所经历的含义的理解。

2. 对话型反思途径

这种反思实际上是一种交流，主要有文本对话、人际对话和面对面对话。其一，文本对话途径。以对话的方式对待文本，就是不断对文本叩问、质疑、补充、延伸，与文本作者构成认同与反对、提问与应答、缩减与补充的交流关系；其二，人际对话反思途径。人与人之间的对话是意义的表达、解读、转换与创新的过程。对话中发生着对他人的言语、行动、意义的尊重、解读和接纳，同时也伴随着对自身原有意义的质疑、反思和改进，双方都有可能突破原有体验与理解的局限，获取新的意义，达到新意境；其三，面对面对话反思途径。其中包括两种形式：一是同型对话。具有相同或相似经历、知识背景的人，对于有着相同兴趣的话题，共同研究探讨，相互印证，实现经验共享。二是异质对话。异质对话就是组织跨学科、跨年级的教师间以及与其他专业理论工作者的对话。这种对话能突破同型对话群体的思维盲点拓展思路，促成不同视野、不同观点的碰撞、互补和融合。

3. 网上互动反思途径

网上交流的交互性、时效性、共享性等特点，突破了时空限制，实现了教师个体的自主交流、教师群体的合作探究和交互学习。网上互动反思的实施通常是在区域性教育机构或学校网页设置的教育论坛中进行。主要形式有：教师个体在网上论坛中发起主题讨论，学校组织的网上主题研讨，以某位教师的研讨课为课例开展专题讨论，或以教育教学对教师的新需求为内容的专题学习或讨论等。

五、教师自我反思能力的养成

教师自我反思能力的形成是一个漫长的过程，它贯穿教师职业生涯的始终，需要教师在职业生涯中自觉地进行培养与训练。具体可以采取以下几种做法：

（一）养成反思习惯

教师要养成反思习惯，应该从具体的自我反省开始，如从观察学生的言行、写反思日记或教育随笔做起。当上完一节课，批评了某一名学生，或处理了一场班级风波时，留心观察每一个学生的反应，分析学生的心理状态，从中反思自己的教育教学行为，以及隐于行为背后的教育理念。

教师反思自我还可以通过"问题单"的方式进行。问题单的设计主要涉及以下三方面内容：第一，对自我的认识。包括：个体内差异问题，如有关自身的兴趣、爱好、个人特征，自己的长处与短处等；个体间差异的问题，如自身思考问题、解决问题方式方法上与他人的差异等。第二，对实践的活动的领悟。具体指对活动的性质与活动要求的认知。第三，对策略的运用。比如，进行某种实践活动总共可以有哪些方法策略，这些方法策略的优势与不足是什么，它们应用的条件和情境如何。

为了保证教师的自我反思不被繁忙的日常教学任务中断，除了随时随地进行外，还可以安排固定的时间，制定自我约束的日反思、周反思或月反思（一般以周反思为宜）制度，形成反思的经常化、制度化和规范化。最后，教师还可建立自我剖析档案或绘制自我专业发展剖析图，以便更好地了解自己专业发展的变化和进步情况。

（二）制订专业发展规划

教师的专业发展是一个终生的、全面的、连续不断的过程，它涉及个人、组织和外在环境等错综复杂的因素。教师要善于分析和利用各种不同的因素，学会根据不同环境和因素制定和调整个人专业发展规划，确立个人发展目标，引导自身的专业成长。

教师制订个人专业发展规划的程序如下：

1. 认识自我

在制定专业发展规划之前，须准确了解自己目前的专业发展状况和水平。要从教师专业知识、专业技能和专业情意的角度审视自我，从教育观念、角色和行为等多维视角反思自我，对自己准确定位。

2. 明确方向

在教育教学中教师个人发展的机会很多，比如改进教育教学，从事科学研究，增进师生关系，开发校本课程等。从教师自身成长方面，如由普通教师逐步发展为骨干教师、学科带头人、教育专家等。在教育行政方面，教师可以审视自己兼任行政主管，如教研室主任、校长等职位的机会。要在不同时期，找出自己的优势和薄弱环节，明确发展方向。

3. 确定策略

教师的专业发展代表着教师个人在工作上所努力追求的理想，它包括短期、中期和长期目标。当专业发展目标制定后，就应制订行动策略。一个好的行动策略不单单是一个活动项目，而是包含许多活动的组合。

4. 实现目标

要实现目标，应把握关键因素。这里的关键因素包括：教师能够实施自我专业发展管理，做出学习决策（如需要学习哪些内容、如何学习以及何时学习），对自己的专业发展做出判断，选择恰当的学习形式（如阅读有关材料、个人自学、请专家指导或参加专门的研讨及团队学习），把各种行动策略进一步细化为行动方案等。

5. 反思评价

当教师的个人专业发展规划陆续实施与完成后，教师还要对实施和完成的效果进行反思与评价，看是否达到了预定的目标，或有不理想、欠妥当的地方，然后针对问题和不足加以反思，并设法改善和弥补。通过对第一个步骤与目标实施状况的评估，及时地加以调整与修正，使自己的专业发展目标更有效率地达成。

（三）开展同伴交流

教师反思自我，并非主张让教师自己孤立起来，而是让教师自己主动地、积极地追求专业发展，保持开放的心态，随时准备接受新的教育观念，更新教育观念和专业知识与技能。以此为目的，打破相互隔离，寻求同样的合作与帮助，同样是"反思自我"的重要策略之一。

由于教师工作的独立性，人们仍然视教师工作为一种孤独的职业，尽管这种描述有不完整性。但是，事实上在现有的教师专业生活中，确实存在与学生隔离，与其他教师相隔离的现象。一些教师不想与别人交流是因为不想让其他人知道自己的问题，害怕说自己是一个不称职的教师。由此可见，与其他教师合作、交流，必须有一个相互信任的氛围。因为，反思必然要公开揭示自己存在的问题，公开自己的困惑和遭受的挫折，如果没有良好的氛围，极易使教师受到不必要的伤害和打击。所以，教师要实现自身的专业发展，必须突破目前普遍存在的教师彼此孤立与封闭的现象，学会与同事、同行进行合作和交流。

（四）进行自我评价

教师进行自我评价是一个自我超越、自我发展的过程。

第一，自我评价与外在评价相比，具有认识论上的优越性。教师最了解自己，最清楚自己的工作背景和工作对象，最知道自己工作中的优势和困难。因此，对教师的评价首先必须是教师的自我评价。

第二，自我评价能改变教师原来被动的被评价地位，成为评价主体的一员。这一转变将极大地激发教师的主体意识，使教师以主人的身份主动、自觉地研究自己的教育教学，重视自己行为的转变与学生学习状态之间的关系，注重教育教学理念和技巧的内化。

第三，自我评价能使教师对自己的工作表现、进步状况进行全面的分析与评价，能自我反思、自我教育，提升教师自身的反思能力。

第七章　高校教师职业成长与发展

第一节　高校教师职业成长概述

一、高校教师职业成长的界定

高校教师的职业成长是影响和制约高校教学质量、科学研究水平和服务地方能力的重要因素。《国家中长期教育改革和发展规划纲要》也明确提出要不断提高教师专业水平和教学能力，培养和造就一批教学名师和学科领军人才，高校要不断创新人事管理体制和薪酬分配方式，引导高校教师潜心教学科研，积极鼓励高校中青年优秀教师脱颖而出，建设高素质师资队伍。对于高校教师而言，在无边界职业生涯时代，自身的职业成长日益受到重视，成为高校教师工作选择的重要标准之一，也成为每个人职业生涯发展过程中的主要目标之一。

职业成长是人力资源管理中的一个重要概念，关于其内涵的界定，不同的研究者有不同的理解：①职业成长是个人沿着对自己更有价值的工作系列流动的速度，这一理解对个体的职业转换有着形象描述，但是对于个体在某一职业周期内部的成长变化有所忽略。②职业成长是个体在现有组织中可能获得的成长机会，如承担更多的责任，承接更有挑战的事务和相关工作经验得到不断的丰富。③职业成长是个体在一个组织内个人有能力获得的更多的资源和更高的社会地位。④职业成长是个体在工作单位中职业进展状况，其包含职业能力发展、职业目标进展、内部晋升速度和工资报酬增长速度，并进一步将职业成长划分为组织内部成长和组织外部成长。⑤职业成长可以分为内容性职业成长和结构性职业成长，内容性职业成长是个体在工作中业绩的获得与经验的增长；结构性职业成长是个体随着工作岗位的升迁而承担更多的责任和挑战。

综上所述，高校教师职业成长是高校教师在其职业生涯过程中获得的成长与发展，主要由职业目标的实现，职业素养的提升，职业发展和职业待遇的提升等方面组成。

二、高校教师职业成长的目标

高校教师职业成长的最终目标是成为专家型教师。专家型教师，也称为教学专家，是指那些在教学领域中具有丰富和组织化的专门知识、能高效解决教学中的各种问题、富有职业洞察力和创造力的教师。通俗地讲，也就是那些教学经验丰富而又屡屡在教学上获得成功的教师。专家型教师的主要特征表现在四方面：知识特征、能力特征、人格特征和行为特征。

（一）专家型教师的知识特征

美国著名心理学家斯腾伯格认为专家型教师应具备专家水平的知识。尽管专家型教师与一般教师的知识结构中都包括了学科知识、教学法知识、关于学生的知识、教育情境知识、课程知识、教育目标与价值知识、科研知识以及自我知识等，但已有研究表明，专家型教师在知识水平上与一般教师存在明显差异，专家型教师的知识有着与一般教师不同的鲜明特征。

1. 知识内容更加丰富

专家型教师在学科专业知识、条件性知识、实践性知识、一般科学文化知识方面优于一般教师。专家型教师往往能够准确地把握教学的重点、难点及教学内容的内在逻辑关系，对本学科内容知识的理解更加深刻，因此他们常常能以明白易懂的方式将知识传授给学生。而与此相反，一般教师在教学过程中常常主次不分，教学内容的组织也缺乏内在逻辑性。由此可见，正是因为专家型教师有着如此深厚的学科知识基础，才使得他们在课堂教学中能够驾轻就熟。专家型教师还善于根据学生的特点和已有知识水平为学生提供多样化的知识表征方式，以促进学生对新知识的主动建构。专家型教师对学生的已有知识水平及认知特点有很好的认识，在关于学生的知识方面明显优于一般教师。除此之外，专家型教师都自有一套吸引学生注意力的办法，能够随时创设多种调动学生积极性的情境，从而使教学达到理想的效果。

专家型教师的一般文化背景知识更深厚。专家型教师在课堂教学中能够根据需要列举许多例子，在说明某个问题时经常能做到旁征博引，并能突破本学科领域的界限，用多个领域的知识来帮助学生对相关知识的建构。他们平时积累了大量的其他学科领域的知识，在需要时就将这些知识整合到本学科中。由此可见，专家型教师通常不仅"专"，而且"博"。正是他们的博学多识，才让单一的学科变得丰富多彩。

专家型教师的教育教学科研知识更加丰富。专家型教师通常都是各级各类学校的学科带头人和教师专业发展的引领者，他们对教育科研方面的知识比一般教师要丰富得多。关于如何做课题研究，如何撰写研究论文，如何搞教改实验，专家型教师都有自己深刻的认识。

2. 知识结构更加良好

专家教师和新手教师的差异不仅在于他们所具有的知识量上的差异，更在于知识在他们记忆中组织方式上的差异。教师知识是由各种知识组合成的一个知识结构。不同教师在专业知识的整合程度上会存在一定的差异，专家型教师显然更善于组织知识，他们记忆中各种知识的整合程度比起新手教师来要好得多。

专家教师知识是紧紧围绕学科教学这个核心来构建的。他们并不过分强调学科知识，而是力求对教学内容和学习内容有更深的理解。他们通常围绕学科教学整合自己的学科知识、教学知识和其他有关知识，并通过学习和实践不断进行补充和拓展，使其专业知识像滚雪球一样不断增大。与某些教师更强调学科知识或更强调教学技能相比，专家型教师知识的学科教学性非常鲜明。与一般教师相比，在他们的知识结构中居核心地位的是学科教学知识而不是学科内容知识。因为学科教学知识才是作为一名教师所应该具备的最核心的知识。例如，一些著名数学家的数学学科知识无比深厚，但是却当不了一名合格的数学教师。

专家教师的知识具有较好的组织和提取结构。专家型教师在处理一些课堂常规问题时可以达到自动化的程度，甚至在面对一些突发教学事件时也能从容应对而不失教育机制。这正是因为在他们的知识结构中形成了很多处理相关问题的认知图式，并能够与相应的情境相联系，从而在他们需要这些图式的时候能够轻松地提取出来，保证自己的教学顺利进行和取得高效。专家型教师在给学生进行知识复习时，通常采用提纲挈领的方式以帮助学生形成良好的知识结构，这从反面说明专家型教师本身的知识组织是非常良好的，否则又何谈帮助学生形成良好的知识结构。

3. 知识转换上更加灵活

专家型教师能够做到将隐性知识显性化，显性知识隐性化。认知心理学将知识分为显性知识和隐性知识：显性知识是正式的、系统化的，能够很容易地以产品说明书、科学公式或电脑软件的形式被交流和共享。隐性知识是高度个人化的，难于用言语表达的知识。

一方面，专家型教师善于将自己的经验、直觉和想象等隐性知识进行归纳综合，转化为语言可以描述和表达的内容，形成以论文或著作为载体的显性知识，从而与教师共同体中的成员达到一种知识的共享。而对于一般教师，这是十分困难的，他们往往觉得自己的教学实践太一般，没什么可总结的，本质上是无法将自己的隐性知识显性化。另一方面，专家型教师通常积极地学习和吸收共同体成员的经验和优势，用以拓宽和改善自己的思维与教学实践，使得这些显性知识逐渐成为植根于实践行动和战略创新之中的隐性知识。显性知识向隐性知识的转化一旦成功，专家型教师的知识就会产生质的变化。

此外，专家型教师能够做到实践知识理论化，理论知识实践化。专家型教师通常都有很强的文字表达能力，善于从自己的教学实践中对自我和教学实践进行反思。他们通过写教学反思、教育博客、教育研究论文、出版专著等方式将自己的教学实践经验进行理论升华，使自己的实践知识理论化。反过来，专家型教师又能将相关的理论知识运用到实践中去以指导自己的教育教学实践，同时对这些理论知识进行检验，使这些理论知识实践化。事实上，专家型教师就是在从实践到理论再到实践的循环过程中使自己的专家水平不断螺旋式上升。

（二）专家型教师的能力特征

1. 出色的教学监控能力

教师的教学监控能力是指教师为了保证教学的成功，达到预期的教学目标，而在教学的全过程中将教学活动本身作为意识的对象，不断积极、主动地对其进行计划、检查、评价、反馈、控制和调节的能力。

（1）课前的计划性和准备性

课前的差异主要体现在专家型教师比新手型教师更具有预见性，更能根据课程内容、学生状况、教学资源等方面的状况制订恰当的教学计划；教学计划全面、系统，对学生有针对性，具有更加清晰的教学目标，并通过教学方法和教学资源的利用和结合完成既定的教学目标；更能够准确地预测教学中可能出现的问题，并能够根据这些问题进行对策性准备，预期可能的教学效果。具体表现为以下几方面：

第一，备课的自主性。新手型教师在备课时往往会严格遵照既定课程大纲所规定的目标，而专家教师在备课时显现出较多的自主性。尽管他们按照课程大纲来设计自己的教学，但他们也会根据学生的需要和自己的目标做出调整。换言之，在备课时，新手型教师倾向于根据权威设定的规则和指南行事，而专家型教师却依靠自己的判断行自主权。第二，备课的效率性。专家教师更多地进行长期备课，除准备每一节课外，他们同样进行单元备课、每日备课、星期备课、学期备课以及学年备课，从而形成一种网络层次和整体观念，而他们的决策往往是基于前一年教学经验的基础之上。而新手教师的备课不会超过与当前内容相连的几个小节或几页，原因之一就是他们要花大量时间和精力去准备第二天的教学，而没剩余时间精力去思考更长远的问题。第三，备课的灵活性。专家教师常常在头脑中备课，有时只写一张便条作为提醒，而新手教师的教案则较为详细，有些教师会写下他们将要说的话和要做的动作，甚至记下要板书的内容。存在这种差异的原因之一是专家教师有丰富的教学记忆和储存了大量的适应各种情景的，而且已经熟练掌握的常规，备课时可以回忆这些情景并引用相应有效的常规。另一个原因是总有课堂偶发事件，专家教师随时准备着对教学的某些线索做出反应，并改变自己的计划，而新手教师的问题预见能力则相对较差，体现出欠灵活的特点。

（2）课中

课堂是一个复杂的、相对难以预测的环境，许多事情可能会同时发生，同时又要实现相应的教学目标，因而教师在这当中体现出强烈的导向作用。专家型教师和新手教师在教材呈现、教学策略、课堂规则、课堂控制、师生互动、教学时间管理上均有明显的不同。

（3）课后

第一，教学效果的反思。教学效果的反思是指教师在一堂课、一个教学阶段结束之后对自己的教学行为进行回顾和总结，分析自己教学哪些方面获得成功，哪些方面尚待改进，分析自己教学是否适合学生的实际水平，是否能有效地促进学生的发展，是否达到了预定的教学目标。专家型教师和新手型教师都进行教学效果的反思，但侧重点不同：专家型教师一般能对教学效果（包括自己的行为方式和学生对自己教学行为的反应）进行全面的反思；能够通过反思建立进一步改革的理论假设，并能在日后的教学中验证这些假设，从而产生教学的创见，不断提高自己的教学水平。

第二，课后评价。教学评价是教师对自己教学过程和教学效果的整体认识。反思的侧重点不同必然导致两者评价方面的差异。专家型教师在课后评价方面教学效能感强，会对学生的反应、自己的行为做出客观的评价；关心在教学中出现的有影响的事件，用自己的专业经验对这些事件进行合理的分析，形成新的教学经验；能对自己教学中存在的不足做出实事求是的评价，并能在日后的教学中予以调整。而新手型教师在课后评价中主要关心教学中的细节，在评价中难以找到教学行为失当的正确原因；比较忽视学生在教学中获得的进步和发展，甚至会把教学中出现的冲突等归因于学生的不足。

2. 良好的课程开发设计能力

课程设计能力是教师根据课程目标，选择相关教学内容，创设教学情境，安排课程教学程序的能力。首先，专家型教师通常不满足于做课程的忠实执行者，他们把教材当作课程资源的一种。可以依实际情境进行增删与整合，次序安排也可以根据需要进行调整。有的专家教师为了某方面的教学目标完成，从教材之外选取相关资源帮助学生进行知识拓展；还有的专家型教师甚至弃现有的教材不用，自己依据教学目标编写教材进行教学。新手教师通常只是按照教材的安排按布就班地进行教学，完成教材上的教学内容就算完成任务。所以能否在实际教学中对教材进行创造性地运用，对课程资源进行合理整合成为专家型教师区别于一般教师的一个非常重要的能力特征。其次，在课堂教学中，专家型教师更善于创设课程情境。在专家型教师的课堂上我们总能看到学生们被教师所创设的情境牢牢吸引。有的专家型教师将知识的学习完全融入自己所创设的真实情境中，让学生在发现、探究和解决问题的过程中就不知不觉学到了很多知识。还有的专家型教师将枯燥乏味的数学运算变成欢乐有趣的游戏，让学生体会到学习也可以是件非常快乐的事情。

3. 较强的创新能力

在教育实践活动中，专家型教师能够针对教育对象、教育内容和教育情景的特点，有的放矢地提出新见解，创造新方法。对于同一个教学内容，专家型教师力求每次都采用新的更有效的教学方式，创设与众不同的教学情境，利用多种方式对知识进行表征。而一般教师通常喜欢照搬一种教学模式，很少做改变。专家型教师会根据学生的多样性精心设计有层次性的作业，并积极探索全新的、质的评价方式来公平地评价每一个学生，促进每个学生的最大发展。一般教师则很少做这样的探索，他们的作业常常对每个学生都要同样的要求，对学生的评价方式也还是单一的成绩决定论。

（三）专家型教师的人格特征

人格是人类心理行为的基础，人格特征影响人对外界的认知过程、调节机制和行为方式。人格特点在一定程度上影响着个体的人际关系、社会适应、行事风格以及将来的成就目标等。教师的人格是教师作为教育职业活动的主体，在其职业劳动过程中形成的情感意志、智能结构、道德意识和个体内在的行为倾向性，是影响教师自身专业成长和学生发展的重要因素。专家型教师通常有着鲜明的人格特征，尤其在自我意识、成就动机、创造性品质三方面与一般教师存在显著差异。

1. 成熟的自我意识

自我意识是指个体对其自身的认知，它是个体人格结构的重要组成部分，在内容上包括对自己机体及其状态的认识、对自己肢体活动状态的认识以及对自己思维、情感、意识等心理活动的意识。专家教师的自我意识表现在他们有更强的自主性和独立性、强烈的自我实现需要、协调的自我概念以及更好的自我效能。

（1）更强的自主性

自主性是个体内在的、能动而不是受外界强制的个体精神现象，表现个体在其活动中具有积极意义的动力源，按照自己的主观意志自觉能动地进行活动。专家教师具有更强的自主性，主要体现为专家教师对待自己与环境关系的处理上，不但能够主动适应外界环境、积极调整自身的行为来适应环境，还能不断努力寻找挑战以提高自己的能力。比如专家教师更愿意处理那些能增长自己能力的问题，正是这种他们主动选择在"能力极限边缘"工作的方式促进了他们自身的发展；能够主动发现工作环境中各种各样可以有效实现教学目标的可能性，主动地利用这些有利因素实现预定目的。从这个意义上说，专家型教师的成长不是别人赋予的，也不是由外部强加的，而是在自塑、自律中完成的。

（2）更强的独立性

独立指的是个体更多地依靠自己的力量和努力去克服和解决问题，而不是完全依靠他人的帮助或依赖于他人，个体对自己负有完全、不可回避的责任。专家教师更强的独立性体现在他不会依附于人和不受他人的意见所左右，只会以自身内在的质量标准对事物进行评价；他不会为获取别人的赞同而改变自己的看法，他们不害怕孤独，有时甚至会主动寻求独处，因为进行创造性活动需要大量独处的时间。

（3）强烈的自我实现需要

自我实现需要是个体渴望自己的潜能能够得到充分发挥、希望自己成为自己所希望成为的那种人、完成与自己能力相称的一切活动的一种需要。自我实现是最高层次的一种需要，是人生追求最高境界的理念。专家教师具有强烈的自我实现的需要，他们总是主动地选择那些让自己有最大成长机会的任务，不断地获得经验，再不断地将释放出的大脑资源再投入到新的追求中去，使自身获得更大的发展。由于这种对自我实现需要无止境的追求，所以他们能够脱颖而出，成为教师群体中的佼佼者。

(4) 和谐的自我概念

自我概念是个人经验中一切有关自己的知觉、认识和感受，其内容包括自己的特点和能力、自己与他人及环境的关系等，它是在个体与环境互动过程中形成的。自我和谐指在其自我概念中真实自我与理想自我之间、直接感觉与他人评价之间可以达到一致的一种良好状态。专家教师能够不断地主动寻求挑战并成功解决一个又一个的问题，越来越好地完成自己的工作任务，在这样的良性循环中，他们不但增长了能力并获得了积极的内在体验，而且也得到了学生、家长、学校的认同和赞赏，逐渐消除了自我不协调而接近理想自我。专家教师还表现出了高度的专业自信、自我满足、自我信赖和自我价值等积极的情感体验。

(5) 更好的自我效能

自我效能是个体根据已有的经验估计自己是否具有处理某一特殊工作或事务的实力，即对自己某方面工作能力的自我评估。专家教师在教学工作方面体现出高度的自我效能。由于成功的教学工作体验使他们对自己专业能力方面的评价非常准确，对自己的能力非常清楚，所以即使面对具有高度挑战性的工作也会显得自信，他们的自信既来自对所面临挑战和任务的了解，更来自对自己所具有的较强能力的了解和自信。

2. 强烈的成就动机

专家教师的成就动机指的是他们追求事业成功的倾向性，它建立在专家教师对自己教学工作的认识和对自身教学能力的认识上。专家教师有很强的成就动机，他们有对完美教学的追求而不满足于仅仅做一名平凡的或好的教师，所以他们总是用一流的标准要求自己并通过勤奋努力达到这一标准，即使在不顺利的环境中，他们也会冲破障碍、克服困难奋力达到这一目的。

(1) 指向学习目标

成就动机理论表明，个人在追求成功时，在心理上所设定的目标与取向会有所不同，有的人追求学习目标，即追求工作的成功和自我的成长以及从工作中学到知识与能力；而有的人则追求表现目标，即他们追求的并非是工作成功本身，而是在意工作表现博取他人的好感。前者倾向于选择难度比较大、富有挑战性的工作，因为一旦成功自然会增长自身的经验并带来成就感，而即使失败了仍然可以从中学到知识，增长经验和提高能力；与之相反，后者倾向于选择最容易的任务或者最困难的任务，因为他们觉得选择最容易的工作有极大的把握获得成功，因而可以得到他人的赞许，而选择最困难的工作，由于其难度众所周知，一旦获得成功自己就将成为英雄式的人物，即使失败也是"虽败犹荣"，同样能获得别人的赞许。

专家教师的成就动机主要指向学习目标，因而他们的成就动机更多地表现在他们对工作成功、自我成长和工作收获的追求，而不是对借工作博取别人好评和赞许的追求上。他们一生都是以求知为乐趣的好"学生"，他们更注重工作本身的质量与价值，而不太在乎外界的评价和压力，他们追求成功的结果但同时他们更注重对过程的掌控，具有内省的倾向。

（2）内控型的自我信念

动机归因论根据个体对自己与环境关系的看法，将个体分为内控和外控两种。内控型的人相信凡事操之在己，将成功归因于自己的努力，将失败归因于个人疏忽而自愿承担责任。内控者所持的信念是：个人的命运掌握在自己手中。外控型的人相信凡事操之在人，将成功归因于机遇，将失败归因于受人阻难或运气不好。外控者所持的信念是：个人的命运受外因控制。工作完成后对其成败的归因取向将影响个人以后再次从事类似工作的动机。

专家型教师具有内控型的自我信念，他们相信只要自己持之以恒地努力钻研教学，终有一天可以弄清更多教学的奥秘；只要自己辛勤耕耘，就一定可以取得更好的教学效果；教学的成功是掌控在自己手中的，这一点也已经被自己曾经取得的成绩所证实。因此，他们尽管会遇到困难或遭遇沮丧，还是会一如既往地对自己的努力充满信心，也会不断地努力追求成功。

3.鲜明的创造性品质

创造性是创造型人才所具有的人格特征。个体的创造力不仅局限于一般的智力特点，也不单纯是由固定的理性方面的因素组成，它总是和个体的人格特征处于复杂的联系当中并受到人格因素的制约，甚至有人认为人的创造力决定于某种人格特质。专家型教师相比于一般教师具有更强的创造性，主要是因为专家型教师存在以下鲜明的创造性品质。

（1）强烈的批判精神

创新素质中最重要的就是批判精神，即敢于和勇于对前人和自己的已成定论的知识进行怀疑甚至否定。这不仅需要批判的勇气，更需要批判的能力。有批判精神的人会对各种说教都持怀疑态度，要求知道这些说法的依据以及它们是否的确成立。怀疑是分辨是非、去伪存真的基础，也是促进事物发展的前提条件。专家教师强烈的批判精神体现在其教学工作的各方面。他们对日常教学工作保持高度的敏感性，随时关注教学中的新现象和异常现象。正因为他们的批判精神无处不在，使得他们总能发现一般教师无法发现的问题。他们能在看似"没有问题"的现象或事物中"看到"问题，并善于质疑"没有问题"的问题。他们不满足于使用已经建立的常规，而是喜欢在批判的基础上改善原有的工作程序或方法来更好地适应当前的具体情况。他们有着对更好事物的追求，希望产生新的、更好的观念并在更复杂和更具综合性的层次上解决问题。

（2）浓厚的求知欲

专家型教师具有强烈的好奇心和浓厚的求知欲，对已知的东西永不满足，对经验持积极开放的态度。正因为他们具有强烈的求知欲和好奇心，所以总能解决一个又一个的教学问题并从中获得有效的经验，能保持对不明白的东西的警觉，对他们看到的、听到的和学习到的东西的隐藏的、潜在的、比喻的、暗示性的或多重的意义进行探索。他们所学到的教学方面的知识和所享受的成就感也相应地要比一般教师多得多。专家教师对经验的开放性使他们了解到了更多的事物，对事物了解得更深，从而易于通过各种经验之间的联系而产生独特的观念。

专家型教师的行为特征一般体现在教学行为特征、有关学生的行为特征以及专业发展特征几方面。

（四）专家教师的行为特征

专家型教师在教学行为上与一般教师存在明显的差异。主要体现在课前的准备、课堂的教学与管理和课后的评价与反思等方面。

第一，在课前的教学准备上，专家型教师会主动全面地进行长期备课。他们非常注重单元教学规划、学期教学规划和学年教学规划等着眼于整体的教学准备；他们的教案与一般教师相比显得非常简洁。在他们的教学计划中一般只突出课堂教学的主要教学内容和步骤，并没有对教学时间分配等一些细节进行更多的说明；他们的教学计划有更好的关联性和预见性，会把与教学相关的知识一并考虑进来，从而使教学顺利进行；他们备课往往会以学生为中心，始终围绕学生的情况来安排教学。

第二，在课堂的教学与管理上，他们善于捕捉和"解读"课堂信息。面对各种各样的课堂信息，专家型教师会有选择地注意非常规的信息而忽略常规信息，善于从学生的非言语性行为中捕捉有意义的信息，并以此来判断和调整自己的教学；他们还善于建立有效地教学规范，并能够引导学生持续地执行；他们在课堂突发事件时能够机智地处理，以保证教学的正常进行；在课堂提问方面，专家型教师对学生的提问更多，提的问题也更深入，并善于通过提问来指导学生学习，因为他们非常注重对学生能力的培养。

第三，课后的评价与反思。专家型教师通常能在课后及时对自己的教学进行自我评价，并在日后的教学中进行调整以提升自己的专业水平。专家型教师在对教学进行反思时，更多地关注自己的教学行为是否达到了教学目标，教学活动是否体现了"沟通"与"合作"，是否创造性地使用了教材，是否引发了学生的思考以及教学过程是否适应了学生的个性特点等。总之，专家型教师是以学生为核心进行反思的，他们关注的是学生的实际学习效果。

1. 专家型教师有关学生方面的行为特征

第一，善于了解学生。专家型教师总是尽自己最大的努力，用各种方式与学生交往、接触，以求对每一个学生的深入了解。他们乐于成为学生的研究者，时刻观察学生的行为，时刻倾听学生的心声，所以他们比一般教师更能走进学生的精神世界。他们对学生的了解是全面的，他们常常积极主动地参加学生的活动，并在课堂上和平时与学生接触的过程中有意识地进行观察，他们也会通过家访等多种方式了解学生的日常生活及家庭背景。

第二，尊重学生。专家型教师深刻理解到每一名学生都是有被尊重需要的人，能够在教学上和生活上尊重每个学生。他们践行的是一种相互尊重、平等的师生关系，站在学生的前面是位循循善诱的指导者，站在学生的后面是位和蔼可亲的组织者，站在学生的旁边是位全神贯注地欣赏者，站在学生的中间就是位亲密无间的学习伙伴。除了对学生的主体地位的尊重外，专家型教师还特别尊重学生的情感、个性和学习成果。这主要表现在，专家型教师能够在安排教学活动中充分尊重学生的意愿，能够积极地保护学生的自尊心，能够肯定和赏识学生在学习上取得的成果。

第三，善于与学生沟通。专家型教师一般都拥有出色的交往技能，长于表达、善于言辞、乐于相处，具有与学生沟通的本领。因为他们对学生的了解非常全面和深入，所以他们能够通过学生的言语信息和非言语信息来推测他们的思想，因而他们能在各种情景中就不同的话题与学生进行有效的交流。

2. 专家型教师有关专业发展的行为特征

教师专业发展主要是指教师通过接受专业训练和自身主动学习，逐步成为一名专家型和学者型教师，不断提升自己专业水平的持续发展过程，他们在专业发展的行为上表现出以下特征。

第一，专家型教师在专业发展环境中能够保持相对的独立性。专家型教师通常具有良好的自我认知，他们善于在自我认知的基础上进行自我监督，自觉地根据自己的信仰、情感和习惯来监控和调节自己的行为。他们在遇到困难和挫折时能进行自我调节，保持心理平衡，继续专注于自己的目标，能摆脱环境的束缚，超脱于环境之外，对教育教学规律有更深刻的认识。专家型教师能主动地扩大自己的知识面，提高自己的专业能力。他们通常不因环境压力而改变自己对教育的执着，在对一些教育教学问题的处理上喜欢主要依靠自己。

第二，专家型教师与专业发展环境有良好的互动。一方面，专家型教师会主动地寻求与环境互动的方式来提升自身水平。他们总是对自己的教学活动进行深入的反思，通过对自己的行为表现及其行为依据的诊断、监控和调节，来优化自己的教学策略与方法，提高自己的教学水平，通过反思达到对教学规律的更深认识，并反过来运用这些教育教学规律来指导自己的教学实践。与此同时，专家型教师还会主动选择环境中的有挑战性的任务来提升自己的教学水平。他们在遇到问题时，总是倾向于用探索与实验的方式来尝试解决问题。他们常常能够用"问题化"的取向思考一些看似没有问题的问题，倾向于用改革实验的事实和成效来说话。

第三，专家型教师引领教师的专业发展方向。专家型教师通常在教学的理论与实践水平上高于一般教师，他们在教学领域的卓越表现和成就使得他们必然成为教学改革的带头人。由于他们见解非一般教师所能比，他们往往会有较高的成就感。容易成为专业方向的引领者，希望将自己的经验和见解与大家共享，并与大家一同探索教育教学的更多奥秘。

三、高校教师职业成长的历程

（一）教师成长的五个阶段

根据教师教学形成的一般过程，将教师的职业成长分为以下五个阶段。

1. 新手阶段

即刚走上工作岗位的教师和实习师范生，这个阶段教师的任务是重新认识学校、课堂环境，要仔细地对教学情境进行分析，从事教学实践以了解教学的真实情景并获得教学经验。

2. 优秀新手阶段

指具有两年和三年教龄的教师，这时的教师可以从教学活动中积累经验，意识到教学情境的相似性，能把过去所学的知识与现在所遇到的情境与问题相联系，使现在的教学超越过去。但是还不能对教学情境中发生的事情进行有意识控制，更不能说明哪类事件是重要的。

3. 胜任阶段

大多数工作了三四年的教师都能达到胜任水平。此时他们的特点是：能有意识地选择教学内容，确定教学重点、难点并制订教学计划，知道该采用何种教学方法进行教学；在讲课时，他们能让学生轻易地掌握重点和难点。并且能对课堂环境和学生的听课情况进行分析，较好地把握课堂教学。为了对课堂进行更有效的控制，他们会注意对所需教学信息做相应的分析。这样，他们对教学更有责任感，并以更强烈的感情对待教学，以期教学的更大成功，但是他们的教学技能仍不能达到迅速、流畅、变通的水平。

4. 熟练阶段

大约到第五年，有一定数量的教师便进入熟练水平的发展阶段。在这个阶段，直觉的作用变得越来越突出。教师对教学情境已产生了直觉感受，并且通过对教学情境的分析积累了丰富的经验，他们能够在更高的水平上发现教学情境的相似性，并对此加以有效地分析，能够对新的教学情境进行预测，而且预测的明晰性、准确性不断提高。

5. 专家阶段

研究表明，教师至少积累了十年的教学经验，在教室里讲述 10000 小时的课，在此之前至少当过 15000 小时的学生，之后才有可能发展到专家水平阶段。这一阶段的教师对于教学是轻车熟路，十分自如。专家教师见闻广博，能够成功地鼓舞别人，指导别人，充满生机和活力，教学技能十分娴熟，在教学过程中可以让学生在不知不觉、潜移默化之中学到很多知识。

（二）关注焦点转变的三个阶段

教育心理学家经过长期的追踪观察和研究，然后根据教师所主要关注问题的不同，将教师的发展过程分为以下三个阶段。

1. 关注生存的阶段

处于这一阶段的教师，非常关注自己在新环境中的生存适应能力，他们关心的主要问题是学生会不会接受自己，同事会不会欣赏自己，领导会不会觉得自己不错等。一般说来，参与教学实习的师范生和那些刚刚走上工作岗位的新教师比老教师更关注这个问题。由于对自己生存能力的忧虑，某些教师可能会把大量的时间花在如何与学生搞好个人关系方面，而不是如何教他们；而有些教师则时时琢磨如何给学生一个下马威，让学生服从自己，在学生中树立威信，而不是如何帮助学生取得进步；他们关心的问题还不是教课的问题，而是管理课堂的问题。

2. 关注情境的阶段

当教师已经在学校站稳脚跟，在学生心目中树立起威信以后，教师关注的问题就主要是学生的学习成绩问题了。在这一阶段，教师关心的是如何教好每一节课，关心班级的大小，关心课堂时间是否充足，备课材料是否充分，以及如何利用有效的教学方式吸引学生的兴趣和积极性，等等。一般说来，在职教师才会关注这个问题，师范生很少在短期的实习中达到这个阶段。

3. 关注学生的阶段

当教师顺利度过前两个阶段以后，教学就变得比较得心应手了，即使在课堂上出现一些不曾预料到的意外事件教师也能够很好地处理了，学生的学习成绩也不再是教师关心的主要问题了。在这一时期，教师才开始真正进行"因材施教"。他们开始关注不同学生的个别差异，认识到不同发展水平的孩子在社会交往和情感方面的不同需求，认识到某些材料，某种教学方法不适合一部分学生，而另外的某些材料和教学方法则更适合他们。因此，他们根据学生的不同需要进行调整，实施个性化的教学，但遗憾的是很多教师终其一生都没有达到这个阶段。

第二节　高校教师职业成长的影响因素

高校教师职业成长是一个漫长而复杂的过程，受到多种因素的影响，概括而言，主要有心理资本、人力资本、高校组织环境因素和社会资本因素等。

一、心理资本的影响

当今社会，人类已经进入信息和知识时代。在这个信息高度发达的年代，社会变革不断加剧，科学技术快速变化，生活节奏日益加快，这些变化给人们带来了巨大的心理压力、不确定感和焦虑感，人们普遍感受到了发展、竞争和压力，要想克服这些不适，必须要有良好的心态。高等学校作为教育机构，其目标是立德树人，培养高素质、高质量的大学生，使其迅速适应社会、融入社会、回报社会。高校教师作为该任务的执行者，不仅要有高尚的道德情操和广博的知识水平，还要具有一个良好的心态，才能对当代大学生起到示范引导作用。

众多研究发现，心理资本是一种心理上、精神上的凝练，它能使人保持积极愉悦的情绪，这些正面的情绪可以调节支配个体工作动机和工作态度，从而能够增加工作投入，使个体的工作能够获得很大的进步。不管是对于个体还是一定的组织，在增加竞争优势方面，心理资本的作用甚至超过了人力资本和社会资本。个体的心理资本可以使其面对具有挑战性工作时充满自信，面对困难境遇时保持乐观，对生活充满希望，所以，心理资本可以通过有效的开发和培育使其获得竞争优势。心理资本能够降低员工的工作压力、增强员工的乐观性，在促进其工作满意、工作成绩等方面都有显著作用。心理资本是一种积极情绪，积极的情绪会对员工的工作行为、工作态度、工作能力和工作过程产生积极的影响，促使员工心智走向成熟，在职业生涯中不断进步，从而获得职业成长。所以，对高校教师而言，其心理资本也是职业成长过程中的一个关键驱动因素。

二、人力资本的影响

在影响高校教师职业成长的众多因素中，人力资本因素扮演着重要角色，人力资本的积累可以使高校教师更好地把握机会，体现个人价值，从而能够提高自己的社会经济地位。个人能力是预测个人职业成长的稳定变量，高校教师个人能力的提高有助于知识的产出水平，有助于为学校创造更多的价值。

员工职业成功的标准明显要高于职业成长，如果个体获得了职业成功，那么他必然在职业成长方面成长显著，在驱动因素上也是如此，如果某一因素能够促进个体的职业成功，那么该因素必然也能够促进其职业成长。

人力资本作为个人核心竞争力的基础，在职业成长过程中发挥着重要的作用。

对于高校教师而言，人力资本同样是其职业成长和发展的核心与基础，所以，人力资本是高校教师职业成长的一个基本驱动因素。

三、高校组织环境的影响

高校给教师提供了工作的场所，又通过其规章制度、文化氛围等对教师的行为进行支持、约束和激励，满足高校教师的尊重、认同、归属等情感需要，从而提升高校教师对学校的投入热情，使其保持积极的心态，努力投入教学研究工作，所以，高校组织环境在教师职业成长过程中发挥着重要的作用。

员工的工作环境对人才成长有重要影响。员工工作单位是其成长的重要依托，工作单位的支持能够有效解决职工的后顾之忧，全心全意地投入工作，这有利于员工充分地施展才华，顺利完成工作任务。工作单位的规章制度等约束机制使职工在工作过程中有法可依、按规则办事，促使员工形成合理规范的行为，保持良好的工作习惯，促进员工的职业成长。工作单位的培训制度能够丰富员工的知识储备，开阔眼界，提高员工的素质。

高校创新型教师的影响因素研究发现，高校组织环境对教师有着重要的影响，特别是高校激励机制是基于整个高校组织的测度，它们应当与风险承担行为挂钩，这种激励无论是物质的还是精神的，无论在外或在内，都能激发教师创新能力，在很大程度上影响着高校创新型教师的职业成长。

四、社会资本的影响

社会资本对高校教师的职业成长也有重要作用，一个教师拥有的社会资本越多，他就会获得更多的信息和资源，在工作过程中无论是职称或职务晋升，还是薪资水平提升，都会比其他人处于有利的地位。社会资源获取信息、获得资源是员工职业成功的重要变量，直接影响到员工的工资水平、晋升和职业满意度等。高校教师在职业成长过程中，除了个人努力外，外在的帮助也是非常重要的，社会资本提供的有利信息和资源成为高校教师利用的根本，也是高校教师职业成长过程中的一个驱动因素。

第三节 高校教师职业成长的促进策略

高校教师的职业成长受到众多因素的影响，一方面受到外在条件的影响，如高校组织、社会等，另一方面受到高校教师个人因素的影响。因此，个人、家庭、高校和社会应该齐心协力，共同努力，促进高校教师职业的有效成长。

一、高校教师要积极主动，提升自身专业水平

在影响高校教师职业成长的众多因素中，高校教师的个人因素是关键因素，是其发展个人专业成长的基本途径。

（一）高校教师要有明确的职业意识

树立职业意识，明确职业发展方向，这是高校教师职业成长的内在动力。

如果一个教师仅仅把职业当作谋生手段，就会缺乏职业发展的内在动力，自身难以获得迅速成长，更难以完成促进学生成长的任务。大量优秀教师的成长经历说明，高校教师只有把教师职业当作自己毕生的事业，当作自己的伟大理想才会有对教育教学、科学研究的不懈追求，才会在不断的学习中获得自身成长。

（二）高校教师要做积极的学习者

高校教师的职业成长，离不开自我学习、自我反思、自我提高，高校教师需要学习新的教育理论、提升专业知识、学习高校的规章制度、学习优秀教师的教学科研经验。做一名有效的学习者，已经是高校教师职业成长的必然选择，也是现代社会对人的基本要求。其主要原因为：第一，现代科学知识迅猛增加，高校教师以通过知识传授为基本途径促进学生发展，其自身只有具备不断学习的意识和能力，才能在教学过程中，视野更加开阔，知识更加丰富，才能及时向学生传授新的知识。第二，现代教育教学理论发展迅速，要求高校教师不断更新自己的教育思想和理念。第三，科学技术的快速发展，影响并改变着传统的教学环境、教学时空结构得到拓展；网络技术、多媒体技术等新技术广泛应用于教学领域，传统的教学手段发生深刻变化。高校教师需要通过学习适应现代教育技术的发展，提高教育教学和科学研究的效率。第四，信息渠道的多元化迫切要求高校教师不断学习，因为教师不再是学生获取信息的唯一渠道。此外，从高校教师个人角度看，学习求知是人的基本需要，教师应该用新知识不断丰富自己，充实自己，只有这样，高校教师的自身素

质及专业素质才会得到提高，从而获得职业成长。

（三）高校教师要做有效的研究者

当今教师教育的一个重要价值取向就是让教师成为研究者，成为研究型教师也成为许多教师追求的目标。高校教师要想使自己尽快地成长起来，投身于科学研究是必然要求和重要途径。高校教师的研究主要表现在两方面：首先是专业学术研究，其次是教育教学研究。专业学术研究是高校教师的专业生命线，是高校教师从事教育教学活动的基础，是学术发展的重要影响因素，也是教师学术地位形成和发展所必需的。教育教学研究是教师高效履行教师职务的基本要求，是培养具有创造性学生的必然要求。此外，高校教师应该不断研究新情况、新环境、新问题，并不断反思自己的教育教学和科学研究行为，只有这样才能不断适应、改进工作，使教育教学和科学研究工作有效地开展，从而获取更大的职业成长。

二、高校教师发展中心应该充分发挥职能，促进教师职业成长

目前国内高校都已建立教师发展中心，有效解决了教师成长职能分散于各职能部门而导致的部门之间协调性弱、工作主动性差、为教师成长服务的主动意识缺乏等问题。教师发展中心应积极努力，通过开展多种项目以促进高校教师的职业成长。

（一）关注教师的健康

"身体是革命的本钱"，良好的身体是教师职业成长的基础。高校教师健康活动不仅包括身体健康，也涉及高校教师生活的各方面，如工作环境、社会交往、家庭生活、心理情绪等。身体健康活动包括为教师进行体检，目前许多高校为教师提供免费体检；积极策划组织文体娱乐活动，促进教师之间的交流，比如运动会、中秋晚会、元旦晚会等；为单身未婚教师提供寻找伴侣机会，如青年教师联谊会、教师鹊桥会等；为教师子女介绍适合的幼儿园、中小学校，目前高校的附属中小学已经成为高校吸引人才的重要资源。

（二）建立高校教师成长室

当前，高校图书馆基本按学科分类，如科技馆、文史艺术馆、社会科学馆、报刊阅览室、工具书阅览室等，高校教师成长资源分散在各馆之中，不利于教师阅读，同时也影响了教师阅读的积极性。所以，高校应整合教师成长资源，成立教师成长阅览室，为教师成长做好资源服务。高校教师成长阅览室配备教师成长相关的文献资料，如与高等教育教学技能相关的专业书籍资料，与申请课题经费相关的科学研究专业书籍资料，与职业生涯发展相关的专业书籍资料，与子女教育、人际交往相关的专业书籍等。此外，还可配备优秀

教师的教学录像、科研标兵的成功经验、精品课材料、优秀教案范例等。

（三）强化新进教师岗前培训

高校新进教师面临新的陌生工作环境，经常承受孤独和无助的考验，容易引发对教学和科研工作产生消极态度，不仅不利于他们的职业成长，也会直接影响高校的发展。新进教师岗前培训应包括两方面，一是新教师的适应，二是对新教师的教学科研辅导。在新教师适应方面，组织新教师参观校史馆，了解学校发展历史，熟悉学校发展的现状，为新教师讲解高校办学定位、发展战略、管理制度等。各二级学院应该向新进教师讲解所在学院的历史沿革、基本情况以及所在学科的具体特征；为新教师确定指导教师等。在新进教师辅导方面，帮助新教师通过教师资格认定考试；还可以邀请教学科研经验丰富的教师为新教师讲解教学工作开展、科学研究课题申请、经费资助的流程和注意事项等。

（四）推广实施学术休假制度

学术休假是源于美国大学教师发展的一项重要制度。我国高校至1999年扩招以来，教师工作压力不断加大，为了提高教师的教学科研水平，教师需要申请学术休假。学术休假一般为一个学期或者一年，在学术休假时期内，教师享受全薪待遇，学校不对教师的教学工作量、学术进行考核，教师利用学术休假深入的思考、学习和提高，为更新课程内容、开设新课程做准备或者潜心来从事学术访问、交流、培训或著书立说等纯粹的学术活动。

（五）设立资助和奖励项目

为了鼓励和促进教师成长，高校教师成长中心可设立资助和奖励项目。项目可以支持高校教师进行教学改革，提升教学质量，鼓励教师在相关学术会议上提交关于教学改革研究论文，提供一定的资金，支持教师主持的教学改革研究项目，评选优秀教学成果奖、优秀教学论文、优秀教学质量奖等，积极鼓励教师评选校、省、国家级教学名师。项目也可以鼓励高校教师进行科学研究活动，提高学术水平，资助教师在高水平期刊上发表学术论文，对教师承担的各类科研课题提供必要条件和资助；对获一定级别奖励的科研成果进行大力宣传和奖励；为教师的科研成果的转化提供支持和资助。

（六）支持教师接受继续教育培训项目

当前多数高校教师每年都要接受一定时间的继续教育培训，教师发展中心应该为其提供充足的时间和资金等条件，鼓励教师接受相关培训。教师发展中心也可以根据学生的变化、教学内容的更新，设立相关培训项目，如PPT制作、电子教学平台、远程教学系统、网络课程等；对新开课程，为熟悉教材内容，掌握课程的重点难点，可派教师进行单科进修；为提高骨干教师的能力，可派教师参加骨干教师进修班或作为访问学者去重点高校进修；有条件的高校，还可以派教师出国进修或访问学习；鼓励教师攻读硕士、博士学位；支持教师参加教育部委托重点高校开办的暑期班等。

三、政府和教育管理部门要为高校教师职业成长奠定制度基础

（一）保障和增加教育经费投入

高等教育健康发展的前提是有足够的教育经费保障和合理有效的教育经费分配与使用。我国普通本科院校多数为政府主办，政府是高校经费投入的主体。至 21 世纪以来，高等教育经历了跨越式的发展，政府应该继续加大经费投入和扶持力度，支持高校健康发展。政府应该逐步建立、完善与高校发展相适应的经费支持机制，不断改进高校经常性经费分配办法；调整高等教育社会投入政策，鼓励社会力量支持教育发展，出台和规范高校服务社会经济的相关配套措施；探索并建立政府、学校共进的筹资渠道与筹资模式，高等学校应与政府、社会建立多种合作关系，努力获取和积极承担政府、企业的科学研究任务，广开渠道，建立主动的筹资模式。高等学校要确保资金的使用效率，避免资金使用上的铺张浪费；将拨款和资金使用绩效结合起来，把有限的资金用于教学和科研上，提高教学和科研水平。

（二）提供更多科学研究机会

政府应继续加大对国内访问学者的支持力度，放宽访问学者条件，使地方普通高校教师能参与高水平研究型大学的科学研究活动，通过跨学科、跨单位合作，促进地方普通高校科研团队的形成，培养造就中青年优秀科研教师。也可以进一步鼓励促进产学研结合，试行高校教师到企事业单位挂职锻炼，一方面可以帮助企事业单位解决一定的实际问题，另一方面使高校教师深入社会实践，加深对客观实际的了解与认识，从而避免与社会实践的脱节。

参考文献

[1] 李晓红. 高校师资管理新探·第 16 辑 [M]. 上海：东华大学出版社，2015.

[2] 张娟娟. 高校师资管理概论 [M]. 沈阳：白山出版社，2015.

[3] 许凤玉. 黄河三角洲区域高校会计学专业双师型师资队伍建设研究 [M]. 北京：光明日报出版社，2015.

[4] 申燕. 民办高校师资队伍建设 [M]. 北京：中国纺织出版社，2016.

[5] 刘玉红. 高校师资队伍建设与管理工作新探 [M]. 北京：光明日报出版社，2016.

[6] 刘朝忠. 教师队伍建设与专业发展 [M]. 北京：高等教育出版社，2017.

[7] 姜立新，邬宗国，陈自龙. 素质教育与思想政治教育教师队伍建设新探 [M]. 上海：上海交通大学出版社，2017.

[8] 韩晓强，刘铁玲，舒晓红. 教师文化素养与师资队伍建设 [M]. 成都：电子科技大学出版社，2017.

[9] 李玲. 高职院校职业指导教师队伍专业化建设研究 [M]. 北京：中国原子能出版社，2017.

[10] 李青，范玉陶，李晶. 高校师资管理优化与职业发展 [M]. 北京：现代出版社，2018.

[11] 潘玲，王伟林，郑州主编. 普通高校师资建设与管理研究 [M]. 长春：东北师范大学出版社，2018.

[12] 史明. 高校教学管理创新及师资队伍培养研究 [M]. 长春：吉林出版集团股份有限公司，2018.

[13] 黄扬杰. 新时代高校创业教育师资队伍建设实证研究 [M]. 北京：中国社会科学出版社，2018.

[14] 郑山明. 地方本科院校教师队伍建设研究 [M]. 北京：光明日报出版社，2018.

[15] 王蕾，从德娟. 教师队伍建设本土化研究实录 [M]. 青岛：中国海洋大学出版社，2018.

[16] 余绍黔. 服务外包校企合作对高校教师队伍建设的影响因素及对策研究 [M]. 西安：西安交通大学出版社，2018.

[17] 新时代中国教师队伍建设的顶层设计 [M]. 北京：北京师范大学出版社，2018.

[18] 韩雪军，韩猛.民族地区高职院校"双师型"教师队伍建设研究[M].长春：吉林大学出版社，2018.

[19] 罗艳.激励机制在高校教师队伍建设中的作用研究[M].西安：西安交通大学出版社，2018.

[20] 王晞.新时代职业教育教师队伍专业化建设与发展[M].北京：北京理工大学出版社，2019.

[21] 任彦.应用型本科高校教师人才队伍建设[M].延吉：延边大学出版社，2019.

[22] 李青.高校师资管理研究[M].天津：天津大学出版社，2019.

[23] 褚瑞莉.激励理论视域下高校师资队伍构建研究[M].北京：九州出版社，2019.

[24] 徐建华，涂英.教师群体专业发展新格局[M].北京：光明日报出版社，2019.

[25] 廖上源.高校教育教学改革与师资队伍建设[M].长春：东北师范大学出版社，2019.

[26] 崔静静，龙娜娜，房敏.新时代地方本科院校"双师型"教师队伍建设研究[M].北京：冶金工业出版社，2020.

[27] 苗培周.河北省乡村教师队伍建设困境检视与推进策略研究[M].长春：东北师范大学出版社，2020.

[28] 吴春莺.新时代高校思想政治理论课教师队伍建设研究[M].南京：江苏人民出版社，2020.

[29] 龙辉明.双高建设背景下高职院校"双师型"教师队伍建设研究[M].合肥：合肥工业大学出版社，2020.

[30] 段文智.教师队伍师德师风建设研究[M].长春：吉林出版集团股份有限公司，2020.

[31] 李洪深.应用型高校教师绩效管理[M].北京：经济管理出版社，2020.

[32] 李汉学.我国高校教师分类管理研究[M].武汉：湖北人民出版社，2020.